Et si j'apprenais...

Le Décor sur mobilier

Marisa Lupato
Traduction de Maria Grazzini

ÉDITIONS
PLACE DES
VICTOIRES

Nous remercions tout particulièrement :

- Les établissements Laverdure, pour leur aide et leurs précieux conseils. (58, rue Traversière 75012 Paris – www.laverdure.fr)
- Lorna Bedendo, Euromobili Design, Elite Decor, le directeur du centre professionnel de Bovolone, Vérone.

GRAPHISME : Adriano Nardi

TEXTE : Rosaria Parretti

CRÉDITS PHOTOGRAPHIQUES : Archivio Giunti, Archivio Giunti/© foto Arc-en-ciel, Vérone, à l'exception des pages 8, 9, 10, 11 et 12 © Stojiljkovic/Decorbez.

En ce qui concerne les droits de reproduction, l'éditeur est prêt à régler ce qui serait dû aux ayants droit des photographies dont il n'aurait pas identifié la source.

La photo du paravent en papier représente la villa Ottelio de Carvalho, Budrio (Udine), siège central du showroom Fiorirà un giardino.

MISE EN PAGES ET ADAPTATION POUR LA LANGUE FRANÇAISE : Belle Page, Boulogne

ISBN : 978-2-8099-0030-9
Dépôt légal : avril 2009
Imprimé en Italie

SOMMAIRE

INTRODUCTION

Ce livre s'adresse à tous les passionnés de décoration, et en particulier de meubles peints, mais qui ne se croient pas capables de les réaliser eux-mêmes. Il intéressera aussi ceux qui souhaitent approfondir leur connaissance des techniques décoratives dans le domaine du mobilier : la peinture, les patines et, surtout, les produits et les outils nécessaires à la finition du travail. Ce livre est donc conçu autant pour le débutant motivé que pour l'initié qui a déjà plusieurs réalisations à son actif. C'est pourquoi les différentes étapes sont présentées par des photos, tandis que le texte suggère des techniques de vieillissement de type professionnel, de manière à satisfaire le lecteur averti.

Avec les années, les modes changent et le design lance des formes de plus en plus avant-gardistes. Mais un meuble peint apporte toujours une touche spéciale, chaleureuse, à un intérieur, même s'agissant d'une pièce unique dans un cadre dépouillé. Il reflète par son originalité un peu de la personnalité de son propriétaire.

Le meuble peint appartient à l'histoire des arts décoratifs depuis les temps les plus reculés : on en trouve des témoignages jusque dans l'Égypte ancienne. En effet, des fouilles ont permis de retrouver des objets portant les traces d'un apprêt habituellement réservé à l'exécution de peintures à base de colorants végétaux. De tout temps, la plupart des meubles peints ont été réalisés selon des procédés similaires. Leur principale différence avec les meubles d'aujourd'hui tient au fait que les produits utilisés ne sont plus d'origine naturelle, mais synthétique. S'il semble difficile d'enrichir encore la palette des techniques existant dans le domaine de la décoration, un travail patient peut exploiter avec bonheur leurs possibilités et rapprocher toujours davantage les résultats obtenus de la perfection recherchée.

La lecture attentive du chapitre d'introduction vous permettra d'acquérir les connaissances de base concernant les produits, les techniques et la préparation du support. Vous n'aurez plus ensuite qu'à choisir le meuble à décorer. Celui-ci pourra être neuf, acheté en vue de votre intervention picturale, mais aussi de récupération. Une fois préparé et décoré, ce meuble peut se transformer au-delà de vos attentes, et si la pièce n'est pas de grande valeur, vous n'en aurez que plus de liberté pour donner cours à votre créativité. La deuxième partie du livre vous guidera vers des procédés décoratifs inhabituels : peinture au rouleau, peinture à effet d'ardoise, impression de trame de tissus comme le jeans, impression numérique à partir d'une photo, et même peinture chrome pour créer une surface miroir sur une table basse qui soudain devient très chic.

Ayant pris beaucoup de plaisir à l'écrire, l'auteur de ce livre en souhaite autant à tous les lecteurs qui seront séduits par une ou plusieurs des réalisations présentées. Bonne lecture et bon travail !

NOCE MEDIO
150 ml

LA PRÉPARATION

Pour obtenir un objet à la finition parfaite, avant même de choisir une technique picturale, il est essentiel de bien préparer le meuble à décorer. Dans ce domaine, l'offre de produits dans le commerce est si vaste que le néophyte aura du mal à choisir entre un vernis à l'eau et un vernis à solvant synthétique, ou entre une laque et une décoration au tampon, sans quelques connaissances préalables.

Avant toute chose, il faudra donc vous familiariser avec les produits et les outils de base, ceux qui sont le plus fréquemment utilisés pour les projets présentés dans les pages suivantes. Cela vous permettra aussi d'apprendre les rudiments de la préparation d'un meuble.

Car, nous le rappelons, un meuble bien préparé est le meilleur atout pour obtenir un résultat impeccable.

LES PRODUITS NÉCESSAIRES

LES SOLVANTS

Eau

Elle sert à diluer les peintures acryliques et à nettoyer les pinceaux. On l'utilise aussi pour le primaire d'accrochage, les lasures et les bouche-pores à l'eau.
La dilution est optimale lorsque le produit est suffisamment fluide pour être appliqué facilement, sans coulures inesthétiques.

Alcool fin à vernir (95 ou 99 degrés)

Il sert à la dilution de résines comme la gomme-laque et la sandaraque. Pour une dilution normale, ajoutez une quantité d'alcool suffisante pour couvrir le produit, laissez agir toute une nuit, puis filtrez le mélange obtenu.

White-spirit, essence de térébenthine et diluant universel

Ces solvants sont utilisés pour diluer et nettoyer des produits à base synthétique : bouche-pores, lasures, peintures à l'huile et vernis de finition à base synthétique. En cas de doute, n'hésitez pas à demander l'avis de votre fournisseur.
Quant aux proportions de la dilution, suivez la notice de chaque produit.

Diluant cellulosique

Il permet de diluer les produits à base de nitrocellulose et de nettoyer les outils après usage.
Il se caractérise généralement par une odeur âpre, un séchage rapide et un résultat très résistant ; utilisez-le exclusivement avec un vernis nitro-cellulosique, dans le cas contraire vous verriez votre produit se transformer en une masse dure et inutilisable.
Pour les proportions de dilution, suivez la notice du fabricant.
Le diluant polyuréthane s'utilise pour diluer les vernis bi-composant polyuréthane (leur composition comprend un durcisseur), recommandés pour des surfaces exposées à une usure intense.

Dans tous les cas, il est fortement recommandé de travailler la fenêtre ouverte et loin de toute source de chaleur, car ce type de produit est dangereux et toxique.

LES BASES

Bouche-pores

Il en existe plusieurs sortes dans le commerce : à base d'eau (à diluer à l'eau), à base synthétique (à diluer avec du white-spirit) et les bouche-pores cellulosiques à diluer avec des vernis nitro-cellulosiques. Badigeonnez la surface du bois avec ce produit pour le rendre moins poreux et pouvoir ensuite le teinter. C'est une étape obligatoire, notamment lorsqu'on souhaite une finition parfaitement lisse et polie.

Lasure

La lasure sert à teinter le bois brut. Elle existe en plusieurs teintes non couvrantes, allant des essences naturelles (noyer, acajou, hêtre, etc.) aux couleurs les plus variées. Appliquée en deux couches, elle peut remplacer le bouche-pores. On trouve dans le commerce des lasures à l'eau et des lasures à solvant synthétique.

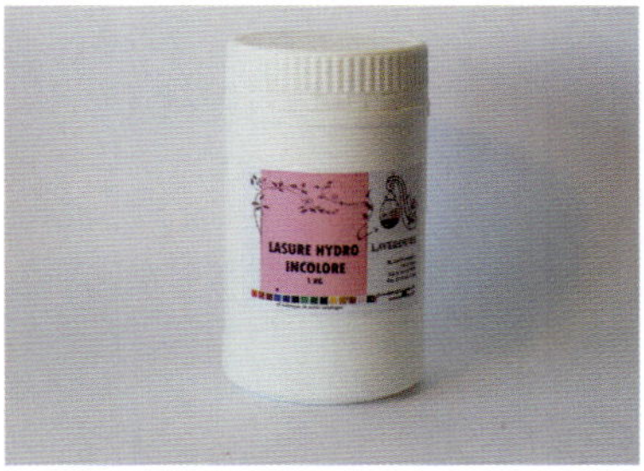

Apprêt

Prêt à l'emploi, c'est un fond couvrant à base synthétique utilisé aussi bien sur le bois brut que sur un matériau déjà teinté. Dans ce dernier cas, si l'on fait précéder son application d'un ponçage soigné, l'apprêt forme une base d'accrochage idéale pour toutes les peintures à l'eau.

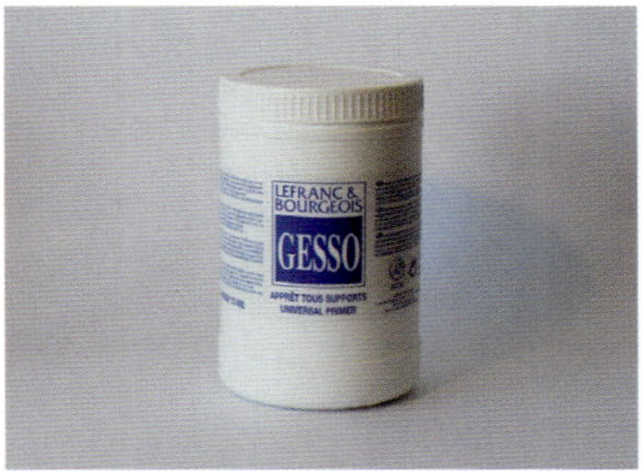

Enduit

Produit fait à partir de dioxyde de titane et de plâtre, il est particulièrement indiqué pour la préparation du bois, des murs et autres surfaces poreuses. Il sèche rapidement et sert de base aux couches de peintures teintées.

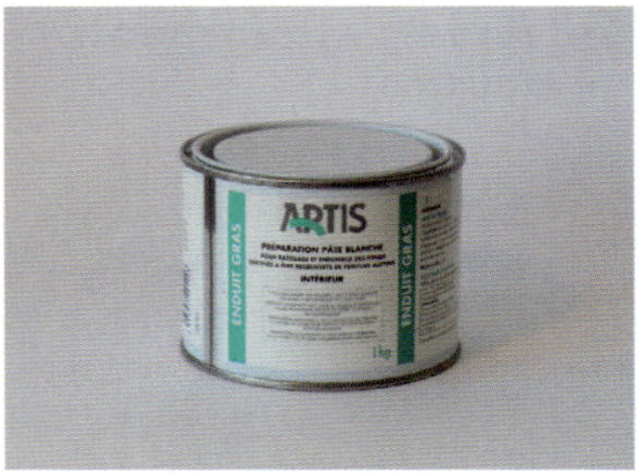

Apprêt d'accrochage

Initialement conçu pour la décoration des murs, il convient également au bois brut, sur lequel il accroche parfaitement en fournissant une base idéale pour la peinture décorative. Il est très utilisé pour les meubles laqués de style vénitien et toscan, qui nécessitent souvent une dernière étape de vieillissement. De couleur blanche, il peut être teinté avec des produits acryliques ou des colorants liquides universels. Ce produit contenant de la chaux, il est à noter que tous les pigments ne conviennent pas pour le teinter ; il est parfait avec des terres naturelles et oxydes.

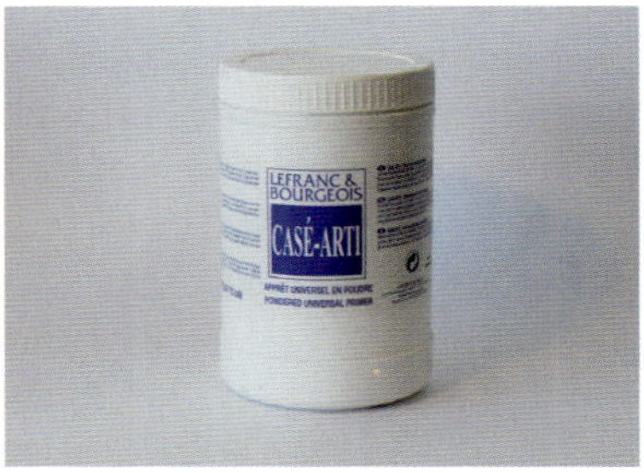

Pâte à bois

Pâte fabriquée à base de plâtre, de silex, de talc, d'amidon de pomme de terre, de gomme-laque et de pigments minéraux, le mastic est disponible dans le commerce en blanc ou teinté dans les essences naturelles du bois.
Appliquez-le à la spatule métallique sur les petites imperfections du bois brut. Il sèche rapidement.

LES COULEURS

Peintures acryliques

On les utilise pour peindre le bois après traitement. On trouve dans le commerce des produits d'excellente qualité dans une vaste gamme de teintes comme par exemple la peinture à la caséine. L'offre est tout aussi variée sur le plan du conditionnement : selon les besoins, on trouvera de petites quantités qui conviendront parfaitement pour les fonds colorés d'un meuble laqué.

Colorants liquides universels et pigments en poudre

Les colorants liquides universels concentrés conviennent aussi bien aux peintures et vernis à l'eau qu'aux produits à solvant. En l'absence de liant, ils ne peuvent servir de peinture. Afin d'obtenir un meilleur rendu de couleur, il est conseillé de les laisser reposer quelques heures après la préparation.
Les pigments en poudre nécessitent également l'adjonction d'un liant avant toute utilisation. Ils conviennent aussi bien aux peintures et aux vernis à l'eau qu'aux produits à solvant.

LES FINITIONS

Vernis de finition

Vernis transparent à solvant synthétique ou à l'eau. Pour faire ressortir les veines du bois, appliquez une couche de lasure et deux couches de vernis de finition. Pour un meuble peint, passez une couche de vernis de finition transparent (à l'eau ou à solvant) ou teinté avec des colorants liquides ou des pigments. Si vous additionnez ce vernis d'un pigment terre d'ombre naturelle, vous obtiendrez une patine transparente et un effet ancien.

Flatting

Ce vernis incolore très résistant et brillant est utilisé pour faire les laques. Il s'applique au pinceau et se dilue au white-spirit.

Vernis polyuréthane bi-composant

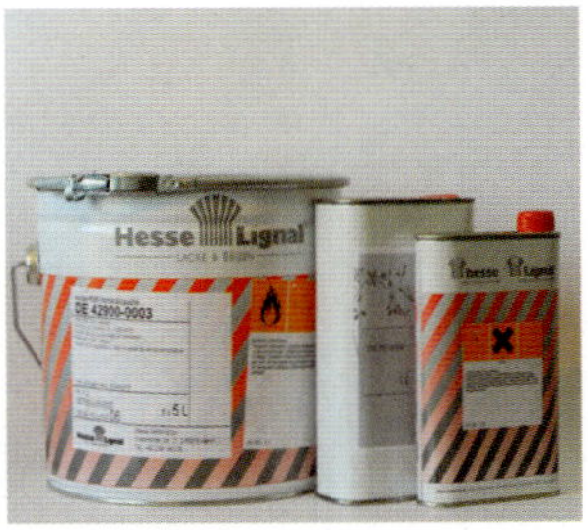

En vente exclusivement dans les magasins de fournitures pour professionnels, ce vernis sert à protéger une surface exposée à une usure très forte. Il s'applique au pistolet. Nous l'avons utilisé pour la protection finale de notre table en page 61. Il est recommandé de porter un masque de protection et d'appliquer le produit dans un lieu bien ventilé. Ce vernis demande un solvant cellulosique.

Gomme-laque

Comme expliqué au chapitre des solvants, une fois dilués dans l'alcool, ces copeaux d'origine animale assurent une belle protection brillante, notamment dans le cas de meubles non peints qui laissent apercevoir les veinures du bois, comme le coffre de la page 81 et le guéridon de la page 106. La gomme-laque s'applique au pinceau ou au tampon, en alternant les couches avec un ponçage à la laine d'acier fine, dont la référence est de type n° 000. Ce type de laines d'acier est employé en ébénisterie afin de ne pas rayer le meuble.

Sandaraque

Produit d'origine végétale, relativement rare, mais parfait pour conférer au meuble une brillance et un éclat de type oriental. Il se présente sous forme de larmes ou de grains dont on obtient du vernis grâce à leur dilution dans l'alcool, par un procédé similaire à celui utilisé pour la gomme-laque.

LES PATINES

Après avoir protégé le résultat final, on peut effectuer un dernier traitement pour obtenir un aspect brillant, doré ou ancien, voire simuler l'action des vers du bois.

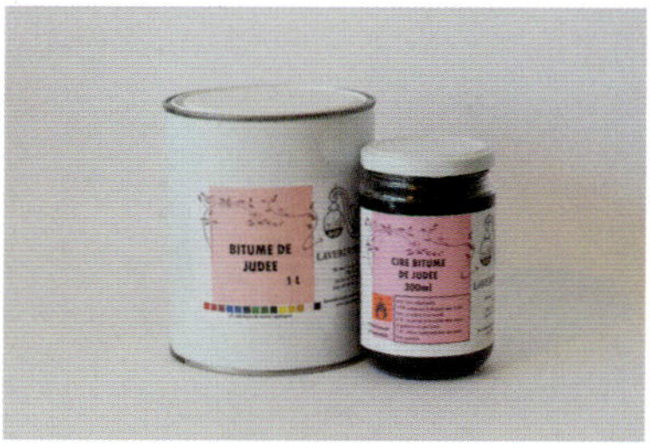

Bitume liquide et peinture à l'huile

Vous avez le choix entre plusieurs bitumes : soluble à l'eau, soluble à l'alcool ou à l'essence de térébenthine. Le bitume liquide s'applique au pinceau en retirant le surplus avec un chiffon propre. Il se révèle parfait pour produire un effet ancien.

Patine en bombe

Ce vernis teinté s'utilise sur des surfaces laquées ou vernies, avant l'application de la cire. Vaporisez la surface à traiter, puis frottez-la à la laine d'acier n° 000 : la patine se déposera dans les interstices. En pressant par à-coups sur le bouton de la bombe, vous obtiendrez une vaporisation irrégulière et de petites taches sur le meuble qui évoqueront l'action des vers du bois.

Cire d'antiquaire

Finition à la cire applicable au pinceau ou au chiffon. Soluble à l'essence de térébenthine ou au white-spirit, cette cire confère au meuble un aspect brillant et doux à la fois. Le baume du gros noyer est en vente exclusivement chez les fournisseurs spécialisés dans la restauration.

Cire à patiner

Elle s'utilise sur un bois brut lasuré, sur un meuble laqué, directement sur la couche de peinture à l'eau ou après celle du vernis à l'eau qui imperméabilise la surface et empêche la pénétration de la cire. Il existe plusieurs sortes de cires en pâte, les meilleures étant celles à base de cire d'abeilles. Pour redonner de l'éclat aux meubles déjà vernis, il en existe une variante d'entretien en bombe, d'utilisation très pratique.

Cires teintées et dorées

Disponibles dans le commerce dans les tons des essences naturelles, ces cires sont à appliquer avec de la mèche coton ou bien au pinceau, après dilution avec de l'essence de térébenthine. Il existe des cires dorées prêtes à l'emploi, que l'on peut aussi obtenir en mélangeant une cire neutre avec des pigments dorés. Elles sont parfaites pour les dorures au doigt, dans les interstices et sur les arêtes des meubles laqués.

LES OUTILS

PEINDRE LE FOND DES MEUBLES

Les pinceaux

Vous trouverez dans le commerce des pinceaux de plusieurs tailles et natures, adaptés pour les peintures à solvant synthétique, à l'eau et à l'alcool. Le plus souvent, l'emballage précise le type de peinture auquel ils sont destinés.

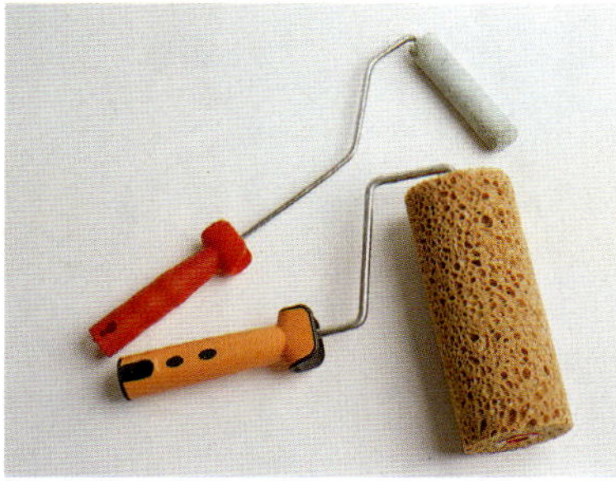

Les rouleaux

Ils sont très appréciés pour obtenir une couche parfaitement uniforme, sans traces inesthétiques. Ils ne se prêtent qu'aux surfaces parfaitement planes.

L'éponge naturelle

Elle convient tout particulièrement à l'application d'une patine, comme dans notre exemple de tête de lit de la page 46, mais elle peut aussi être utilisée pour un effet décoratif.

SE PROTÉGER

Les gants

Ils existent en différents matériaux : si vous faites de la peinture, utilisez des gants en latex; pour éviter les échardes, préférez des gants en coton plus épais.

Le masque de protection

Il est indispensable si vous travaillez avec des produits à solvant synthétique, avec les vernis nitro-cellulosiques et des substances à base de térébenthine. Dans le commerce, vous trouverez des modèles équipés de filtres performants, très pratiques et à usage unique.

LA FINITION DU MEUBLE

Le papier de verre

Il en existe une vaste gamme, du plus gros pour le bois brut, au plus fin pour polir les couches de vernis de protection.

La laine d'acier

De la plus grosse à la plus fine n° 000, elle est utilisée pour poncer ou décaper un meuble, mais aussi pour retirer un excédent de cire ou de vernis.

La mèche coton

Elle est idéale pour lustrer un meuble ciré. Pour un résultat impeccable, elle doit être toujours parfaitement propre.

LE VIEILLISSEMENT

Grattoir professionnel

Il est conçu pour permettre d'atteindre n'importe quelle partie du meuble, pour gratter ou retirer la peinture, mais aussi pour obtenir des effets de rayures.

Spatules à mastic

Outre l'application du mastic, ces spatules se révèlent utiles pour racler le primaire d'accrochage et obtenir un effet craquelé caractéristique.

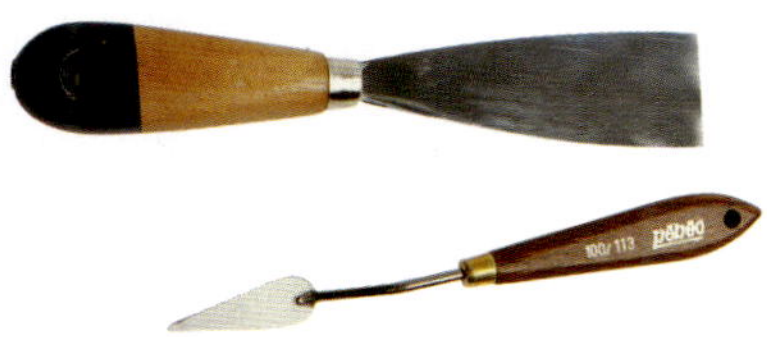

Marteau à picots

Frappé ou roulé sur le bois, cet outil produit de petites irrégularités à la surface du meuble qui évoquent l'action des vers du bois.

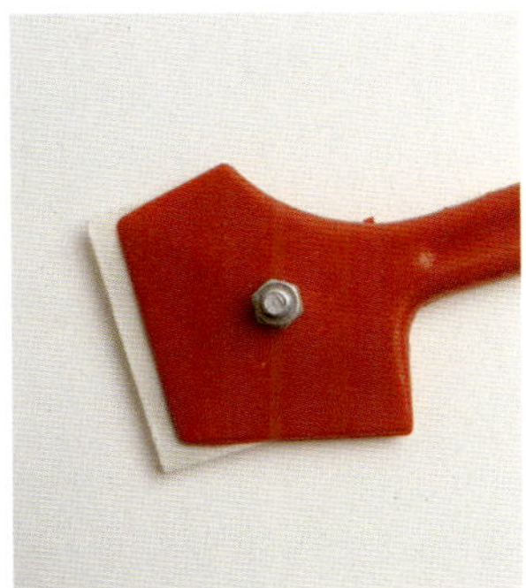

Grattoir

Idéal pour éliminer les gouttes de peinture durcie qui nuisent à l'uniformité de la teinte, il convient très bien aux surfaces irrégulières.

PETITES ASTUCES

PEINTURE DES MEUBLES À TIROIRS

Avant toute chose, commencez par retirer les tiroirs, poncez-les soigneusement et couvrez-les d'une couche de lasure teintée sur toutes leurs surfaces, intérieures comme extérieures. Ce détail donnera un fini parfait au meuble, en évitant de laisser des surfaces à l'état brut.

1

1 Une fois les tiroirs retirés, peignez le meuble en commençant par le pourtour des ouvertures pour ensuite étendre votre travail au reste de la surface.

2

2 Après un ponçage soigné, continuez en peignant la façade des tiroirs sans couvrir les surfaces latérales.

3

3 Si votre meuble possède des portes, procédez comme suit : ne démontez qu'une porte à la fois en faisant levier sur les charnières latérales, peignez le cadre intérieur de la porte de manière que, une fois le meuble ouvert, la continuité chromatique ne soit pas interrompue entre l'intérieur et l'extérieur du meuble.

PEINTURE DES CHAISES ET ESCABEAUX

Si l'on souhaite un résultat impeccable, repeindre un escabeau nécessite un minimum d'attention, car il s'agit d'éviter les coulures inesthétiques et l'oubli de certaines surfaces, que l'on aurait du mal à peindre ensuite sans se salir. Grâce à quelques astuces et à un peu d'organisation, le résultat sera parfait.

1

1 Commencez par retourner l'escabeau, munissez-vous d'un petit pinceau et peignez le dessous des pieds et des barreaux. Travaillez lentement, en évitant de surcharger le pinceau de peinture, car celle-ci aura alors tendance à s'accumuler au dos de la surface peinte en produisant des coulures inesthétiques.

2

2 Redressez le meuble sans toucher à la surface fraîchement peinte, puis peignez l'arrière et les côtés en appliquant des coups de pinceau de haut en bas, et en vous arrêtant à quelques centimètres du sol. Saisissez l'escabeau par le plateau supérieur non encore peint, soulevez-le et maintenez-le en suspens pour peindre l'extrémité des pieds ; de cette manière, vous éviterez de ramasser la poussière du sol avec le pinceau.

Peignez toutes les parties antérieures de l'escabeau. Avant de peindre le plateau, assurez-vous que tout le reste a été peint et qu'il n'y a pas de « paquets » de peinture, difficiles à retirer une fois secs. Terminez par le plateau supérieur.

Redoublez d'attention lors du passage de la deuxième couche car, cette fois, vous ne pourrez pas vous repérer grâce à la différence de couleurs.

LA DÉCORATION

Après avoir soigneusement préparé le fond et l'avoir peint dans la teinte souhaitée, nous voici arrivés à la décoration elle-même.

Le chapitre suivant présente les principaux styles de décoration. Vous pourrez ainsi mieux choisir ce qui convient à votre meuble.

Mais auparavant, il vous faudra encore un peu de patience pour acquérir quelques compétences de base car, sans les quelques exercices de peinture qui vont vous être proposés, il vous serait difficile de réaliser les motifs présentés. Commencez par vous entraîner sur du papier, et répétez l'exercice jusqu'à avoir acquis l'aisance nécessaire.

Pour ceux qui ne souhaitent pas se lancer dans la peinture de leur meuble, l'ouvrage propose d'autres techniques de décoration : au pochoir, classique ou en relief, au rouleau et au tampon, mais aussi différentes méthodes d'impression, comme dans notre exemple de la commode « en jeans » de la page 148. Ce livre s'adresse donc aux plus entreprenants comme aux plus pressés, dont les goûts et les savoir-faire trouveront à s'investir au fil des pages qui suivent.

LE TRANSFERT D'IMAGES

Deux méthodes principales permettent de reporter les images, notamment les plus grandes : le poncif et le fusain.
Pour les deux méthodes, le papier-calque est indispensable : on le trouve en rouleaux de différentes largeurs, mais aussi en feuilles de divers formats. Il permet de reproduire un dessin par transparence.
La photo ci-contre montre les matériaux de base réunis : un crayon mine pour reproduire le dessin par transparence, et un fusain à appliquer sur l'envers de la feuille de papier en suivant les contours du dessin.

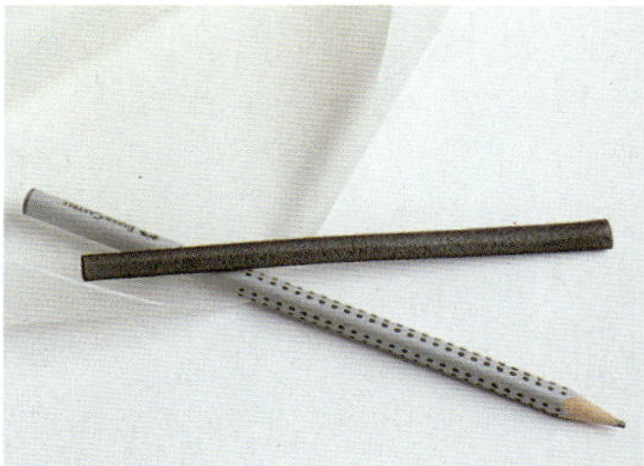

LE TRANSFERT AU PONCIF

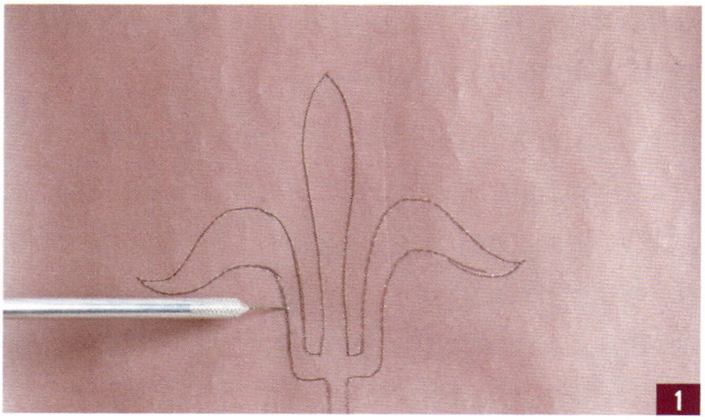

1 Dessinez le motif à reproduire sur le papier-calque, puis placez la feuille sur un support en caoutchouc ou en tissu. Percez le pourtour du dessin avec un poinçon, en pratiquant des petits trous régulièrement espacés ; la distance maximum sera de 0,5 cm pour un motif de grande taille.

2 Préparez le poncif. Disposez le pigment en poudre dans un morceau de tissu à trame pas trop serrée, en veillant à choisir une teinte qui contraste avec celle de la surface sur laquelle vous transférez le motif. Saisissez les quatre coins du tissu en enfermant le pigment dans la poche ainsi obtenue.

3 Positionnez et fixez la feuille de papier-calque ainsi perforée sur la surface du meuble à décorer. Frottez à plusieurs reprises le tampon de pigment sur le pourtour du motif.

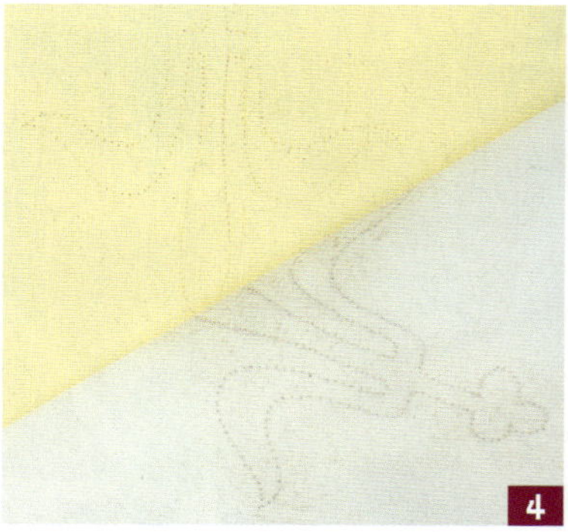

4 En soulevant un coin de la feuille de papier-calque, assurez-vous que le motif a été transféré correctement sur la surface à décorer. Dès lors, vous pourrez retirer la feuille et commencer la peinture.

LE TRANSFERT AU FUSAIN

1 Réalisez vous-même le motif choisi sur le papier-calque. Mais, si vous le souhaitez, vous pouvez également décalquer le dessin en profitant de la transparence du papier-calque.

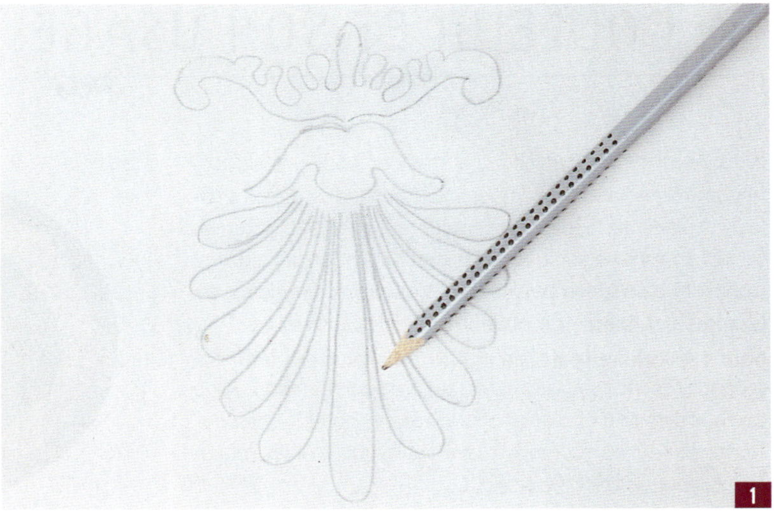

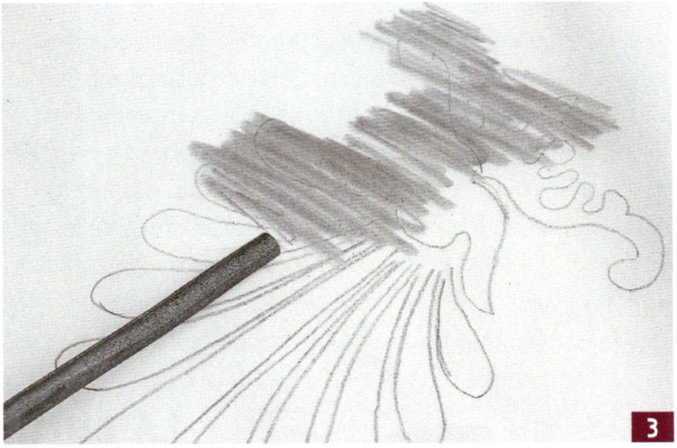

2 Munissez-vous d'un fusain ; c'est ainsi qu'on appelle les bâtonnets de charbon fait avec le bois de l'arbrisseau du même nom, que l'on utilise dans les beaux-arts.

3 Au dos de la feuille de papier-calque, noircissez au fusain le contour de votre motif, visible par transparence.

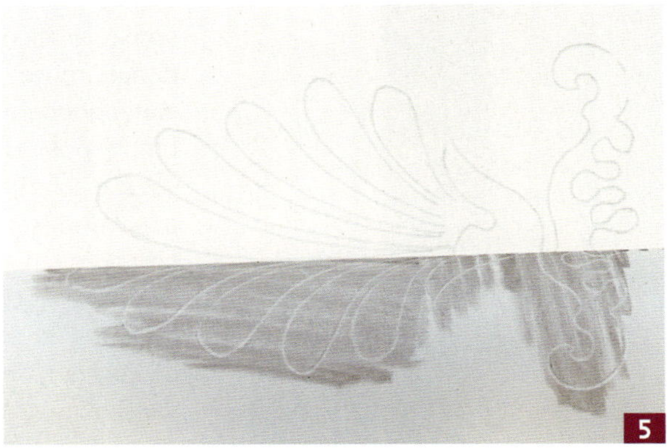

4 Retournez la feuille à l'endroit, positionnez-la sur la surface à décorer, puis repassez les contours du motif avec un crayon, un stylo ou un stylet.

5 Le fusain que vous avez frotté au dos de la feuille reproduira les traits repassés au crayon, au stylo ou au stylet, en transférant le motif sur le meuble.

LA COULEUR ET SON USAGE

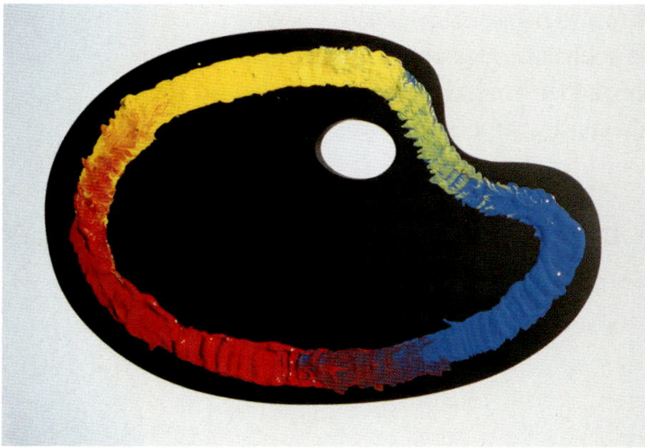

En parcourant du regard la palette des couleurs, on distingue immédiatement les couleurs chaudes et les couleurs froides, ainsi que les interactions entre les différentes teintes. La gamme standard se compose de douze couleurs, sachant que de la combinaison des trois primaires – le rouge, le jaune et le bleu – on obtient toutes les autres.
En mélangeant deux couleurs primaires, on obtient les secondaires : orange, vert et violet. De la combinaison d'une couleur primaire et d'une secondaire, on obtient une couleur tertiaire : rouge-orange, jaune-orange, bleu-violet, rouge-violet, jaune-vert et bleu-vert.
Les couleurs diamétralement opposées sur le cercle chromatique sont dites complémentaires, comme le jaune et le violet. Le jaune est une couleur primaire, tandis que le violet est le résultat du mélange du rouge et du bleu. En mélangeant deux couleurs complémentaires, on devrait obtenir une teinte neutre, grisâtre, mais en peinture le résultat est une couleur terne, comme sale. Pour réussir ses couleurs, il convient de bien connaître le cercle chromatique et les interactions entre les différentes couleurs. Il est tout aussi important de garder présentes à l'esprit quelques règles simples de base.

- Dans les mélanges, procédez toujours par des ajouts de petites quantités de couleur. Mieux vaut s'y prendre à plusieurs reprises que se trouver face à un résultat irréversible.
- Si vous vous trompez, recommencez le mélange plutôt que d'essayer de le corriger.
- Afin de préserver la pureté des couleurs, veillez à nettoyer systématiquement le pinceau, aussi bien avant de reprendre de la peinture que pour en ajouter une touche à un nouveau mélange.

LA LUMINOSITÉ DE LA COULEUR

En observant l'échelle de gris reproduite ci-contre, on comprend aisément ce que l'on entend par « luminosité ». En effet, si chaque trait est indéniablement gris, chacun est différent des autres par sa luminosité. De la même manière, chaque couleur peut ainsi être assombrie ou éclaircie par une variation de « lumière ». Cette faculté prend toute son importance si l'on considère qu'une simple variation de ton permet de suggérer la profondeur. Observons les deux disques rouges ci-contre : si le premier semble plat, le second est presque tridimensionnel. La méthode la plus simple pour obtenir cet effet de volume consiste à ajouter du blanc pour rehausser la luminosité, et du noir pour ombrer.

Connaître les couleurs et tester des mélanges est une bonne approche de l'univers de la décoration des meubles. Toutefois l'essentiel est de ne pas se laisser intimider par la technique, car chacun reste libre de s'exprimer comme il l'entend à travers les couleurs.

UN PEU DE PRATIQUE

L'ouvrage propose plusieurs exemples de motifs à réaliser à main levée.
Si vous manquez d'expérience, mieux vaut commencer par ces quelques exercices.
Pour bien peindre, il est indispensable de savoir manier les pinceaux,
et pour cela un peu de pratique est nécessaire.

LES PINCEAUX À PEINTURE

Prolongement de votre main, le pinceau doit faciliter chacun de vos mouvements. Un bon outil est donc indispensable pour réussir de beaux coups de pinceau ! Choisissez des soies d'excellente qualité. Et, selon le motif de votre décoration, utilisez un pinceau rond, ou un pinceau plat ou brosse. Un nettoyage soigneux des pinceaux après usage est tout aussi important pour garder en parfait état ces précieux outils de travail.

LA PALETTE HUMIDE

Munissez-vous d'une palette humide afin de pouvoir utiliser plus longtemps les peintures acryliques, mais aussi d'un bloc palette avec plusieurs feuilles imperméables que l'on peut utiliser plusieurs fois. Vous pourrez ainsi faire tous les essais nécessaires sans gâchis.

Vous pouvez également utiliser un retardateur : mélangé en très faible quantité à la peinture, il la gardera fluide plus longtemps, en vous permettant d'intervenir plusieurs fois au même endroit.

LES COUPS DE PINCEAU MONOCHROMES

Ces pages vous proposent quelques exercices pour bien manier les pinceaux. Cela vous sera très utile pour la réalisation des projets présentés plus loin.

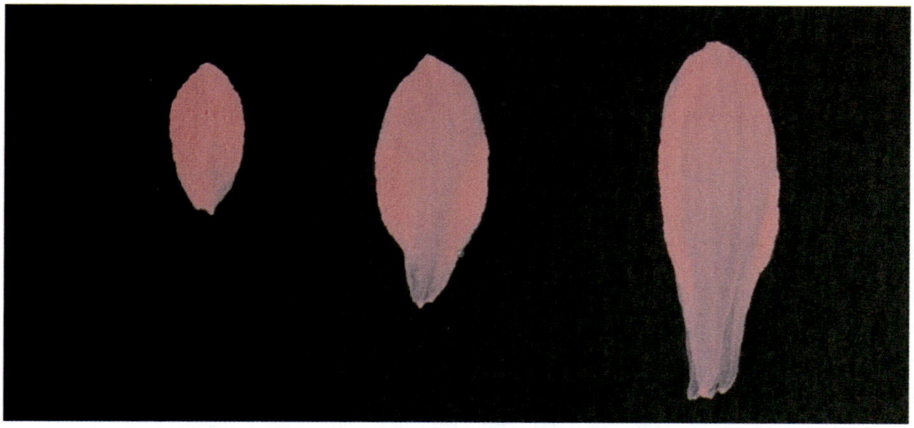

Pétale

Chargez le pinceau de peinture, puis appliquez-en l'extrémité sur la surface à décorer en exerçant une légère pression, de manière à suggérer la partie la plus ample du pétale. Déplacez le pinceau en ligne droite tout en exerçant de moins en moins de pression, jusqu'à le détacher de la surface.

Virgule à droite

Commencez comme pour le pétale, puis tournez légèrement à droite les soies du pinceau : exercez de moins en moins de pression, puis détachez-le de la surface.

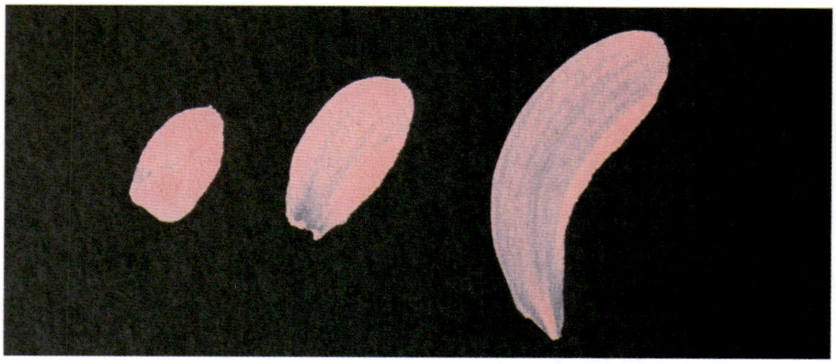

Virgule à gauche

Procédez comme pour la virgule précédente, mais avec une rotation à gauche des soies du pinceau.

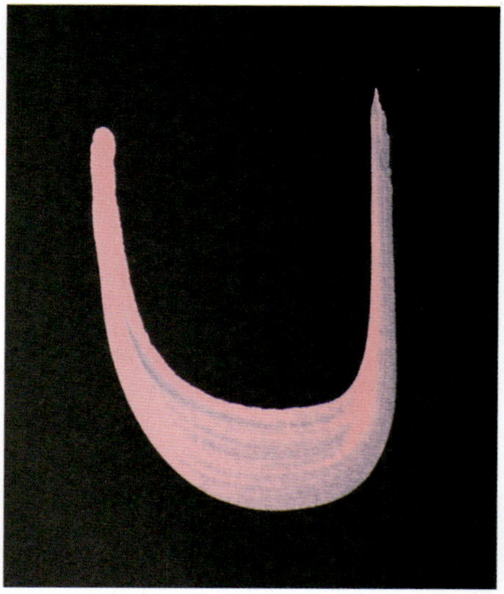

Coup de brosse en « U »

Posez la brosse chargée de peinture perpendiculairement à la feuille, faites-la glisser graduellement vers le bas tout en augmentant la pression exercée. Formez l'arrondi du « U » en diminuant la pression à la fin de l'arc. Relâchez la pression du pinceau et retirez-le.

Coup de pinceau rond en « S »

Posez le bout du pinceau perpendiculairement au papier, portez-le vers la gauche, diminuez la pression dans l'arrondi et poursuivez le mouvement du bout du pinceau. Pressez de nouveau dans l'arrondi de droite, puis relâchez une nouvelle fois en allant vers la gauche jusqu'à détacher le pinceau du support.

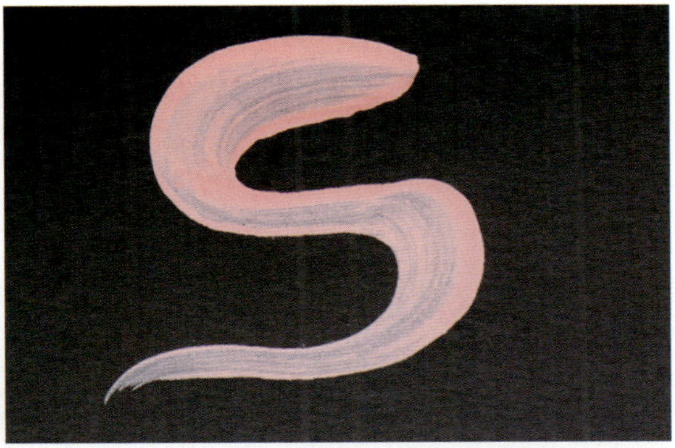

Boucle

Chargez le pinceau et faites-en tourner la pointe sur le papier; continuez en vous éloignant du cercle que vous venez de créer sur la droite. Dirigez la pointe du pinceau en bas à gauche, en allégeant graduellement la pression.

Rose bicolore

Enchaînez les phases d'exécution sans laisser sécher la couleur posée en premier. Faites un rond comme pour la boucle.

Trempez le même pinceau dans la deuxième couleur, puis tracez des virgules à gauche dans un dégradé progressif vers le bas, de part et d'autre du cercle, comme montré sur la photo ci-contre. Continuez avec des virgules à droite et terminez par les petits pétales du bas.

Fleur en bouton

Suivez les indications de la virgule à droite, à cette petite variante près : tout au début, avant d'augmenter la pression, le bout du pinceau doit s'incurver légèrement vers la gauche pour ensuite dessiner la virgule à droite.

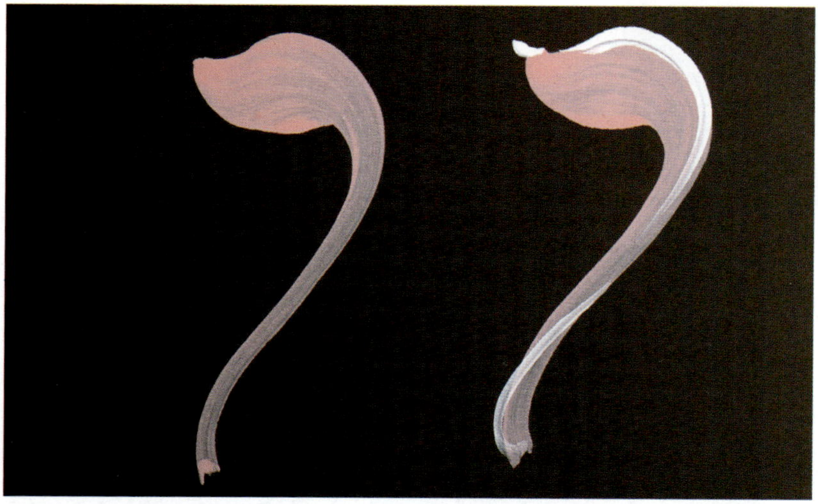

Fleur en bouton rehaussée de blanc

Après avoir peint la fleur en bouton, repassez son contour extérieur au pinceau très fin, d'un trait fluide et léger.

Fleur monochrome

Grâce à la méthode du pétale décrite à la page 24, vous pouvez dessiner une fleur en peignant plusieurs pétales concentriques.

Fleur à deux couleurs superposées

Après avoir peint la fleur, chargez le pinceau d'une couleur plus claire et repassez les pétales sur la peinture encore humide : ne repassez qu'une seule fois chaque pétale, sans jamais recharger le pinceau. Faites un petit rond clair au cœur de la fleur. Le mélange des deux couleurs humides crée des nuances très naturelles.

Fleur à deux couleurs mélangées

En mélangeant les couleurs vous gagnerez du temps, mais vous obtiendrez moins de nuances. Chargez le pinceau de la première couleur, puis trempez-en le bout des soies dans la seconde. Tracez les fleurs avec la méthode des pétales concentriques.

Fleur monochrome

Les motifs peints de la décoration populaire traditionnelle sont souvent monochromes. Pour les réaliser, exécutez le motif avec la même couleur en ajoutant successivement de l'ombre et de la lumière.

Fleur rehaussée de blanc

Voici une fleur monochrome avec quelques touches de blanc qui lui confèrent profondeur et luminosité.

LES TRAITS DROITS

Les traits droits sont souvent utilisés pour encadrer les motifs. L'épaisseur du trait dépend de la taille du pinceau. Pour que votre tracé soit sûr, observez les photos qui illustrent les trois techniques proposées.

Avec la règle

Garder la règle fermement en place avec la main gauche, à environ 2 cm de la ligne à tracer. Saisissez le pinceau chargé de peinture entre le pouce et l'index de la main droite, en posant le bout de vos doigts sur la règle.
Pour tracer la ligne, glissez du bout des doigts sur la règle, vous servant de celle-ci comme d'un repère. La distance du bord sera déterminée par l'encombrement de vos doigts.

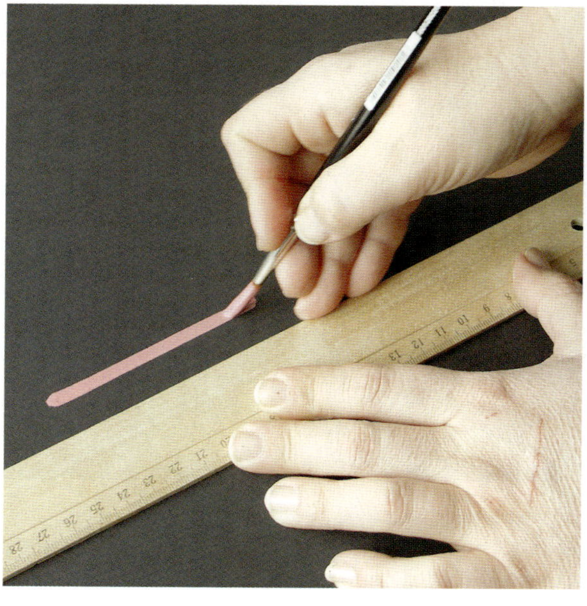

Avec un repère de distance

Servez-vous d'un outil droit, un bâtonnet ou un pinceau, qui vous aidera à garder une distance régulière entre le trait et le bord. Gardez le pouce sur le bâtonnet au niveau de la mesure délimitant la distance choisie. Placez le bâtonnet au bord du meuble et faites en sorte que sa longueur soit bloquée par les jointures de vos doigts. Posez le bout des doigts de la main droite à l'autre extrémité du bâtonnet ; saisissez le pinceau chargé de couleur. Pour tracer votre trait, faites glisser le pinceau avec la main droite tout en avançant le bâtonnet avec la gauche.

À main levée

La troisième méthode ne requiert pas d'outil particulier. Saisissez le pinceau chargé de couleur entre le pouce et l'index. Alignez l'auriculaire, l'annulaire et le majeur sur le bord du meuble (une table, dans ce cas). Faites glisser le pinceau d'un geste sûr en vous servant de l'encombrement de votre propre main pour maîtriser la distance entre le trait et le bord.

LE MOTIF

Les compétences que vous venez d'acquérir vous permettent de réaliser ce type de motif. Procurez-vous quatre pinceaux à bout rond : n°s 14, 12, 10 et 6. Pour un motif de plus petite taille, utilisez des pinceaux plus fins, mais dans les mêmes rapports. Prévoyez quatre couleurs : deux ton sur ton, un blanc et une couleur foncée : noir, terre d'ombre naturelle ou toute autre dans les tons du décor.

1

1 Commencez la peinture avec le pinceau le plus gros. Pour obtenir la figure ci-contre, réalisez la boucle, les virgules à droite et les virgules à gauche.

2 Trempez le pinceau n° 10 dans la terre d'ombre naturelle très diluée et ombrez tout le pourtour inférieur du motif, par des coups de pinceau à virgule.

2

3

3 Trempez le pinceau n° 6 dans la terre d'ombre naturelle, puis repassez les traits de contour du motif et ceux de séparation entre les feuilles. Ce trait doit être tracé d'un geste sûr.

4 Ajoutez quelques nuances de blanc avec le pinceau n° 12. Appliquez ces derniers coups de pinceau du côté opposé aux parties ombrées, afin de suggérer un effet de relief.

4

LES STYLES

Depuis toujours, les hommes s'intéressent à la décoration de leurs intérieurs et à celle de leur mobilier, soucieux de rendre plus agréable et accueillant leur cadre de vie. Les motifs représentés sont tantôt des scènes de vie, tantôt des symboles liés à leur culture.
En Europe, le XVIIIe siècle est sans doute l'âge d'or du laque et de la décoration du mobilier. C'est pourquoi nous avons choisi de nous inspirer de cette époque pour les panneaux qui nous sont présentés dans ces pages. Pour commencer, l'exemple d'un panneau de laque chinoise s'imposait, car ce type de décoration influença considérablement les cours royales de l'époque par son raffinement et son éclat.

LA LAQUE CHINOISE

Lorsque les premiers meubles et objets décorés de laque arrivèrent de Chine, entre la fin du XVIe et le début du XVIIe siècle, ils firent forte impression sur les artisans et les artistes européens de l'époque, qui s'efforcèrent en vain de les imiter.
Le procédé de l'authentique laque chinoise était si long et complexe que personne ne réussit jamais à égaler son raffinement ni sa robustesse. À ce propos, on raconte qu'à la fin du XIXe siècle, un navire chargé de laques fit naufrage en Europe et demeura au fond de l'eau pendant environ un an. Quand on put enfin récupérer les précieux objets, ils étaient tous en parfait état !
Les imitations furent nombreuses dans l'Europe du XVIIIe siècle, mais le procédé original n'ayant jamais été consigné par écrit, aujourd'hui cette technique a vraisemblablement été perdue, y compris en Chine.

Pour réaliser le panneau ci-contre, commencez par imperméabiliser la surface du bois avec de la colle de peau de lapin, que vous aurez pris soin de faire gonfler dans l'eau et de réchauffer au bain-marie comme autrefois.
Couvrez le bois de plusieurs couches d'apprêt très fluide, préparé avec un mélange de colle de peau de lapin et de gesso de Bologne passé au tamis, en prenant soin de poncer entre chaque couche avec un papier de verre n° 400.

Préparez la gomme-laque en plongeant les copeaux durant toute une nuit dans un bain d'alcool à 95°. Pour la couleur, mélangez huit parts de gomme-laque avec une part de pigment noir, que vous aurez bien délayé à la spatule. Après avoir passé plusieurs couches de plus en plus diluées, reportez le motif à peindre à l'endroit choisi et procédez à la mise en couleur avec le pigment doré dilué dans du vernis synthétique.

LA LAQUE VÉNITIENNE

Avec les premières importations de meubles et objets d'Orient, la laque connut en Europe un très grand succès. Les artisans de Venise – les *depentori*, peintres d'objets en laque – devinrent bientôt les meilleurs imitateurs de cette technique. Si, dans un premier temps, ils reproduisirent des motifs chinois, ils proposèrent ensuite des motifs originaux de grand effet, à fleurs le plus souvent. À la même période, la sandaraque (résine de thuya utilisée comme vernis), appelée aussi « laque de Venise », fit son apparition. Le panneau ci-dessous présente toutes les caractéristiques du mobilier vénitien de l'époque : le support en bois d'arolle, la dominante verte et l'encadrement doré à la feuille d'or.

LA LAQUE DU TYROL

Les meubles tyroliens présentent des motifs fleuris hauts en couleur et des scènes de genre de la vie paysanne. Souvent réalisés en contreplaqué, ils étaient l'œuvre des paysans et curés de campagne qui occupaient ainsi les longues soirées d'hiver de cette région montagneuse.

L'ARTE POVERA

Le panneau ci-dessous est un exemple de laque *arte povera*, telle qu'elle était en vogue à Venise au XVIIIe siècle. Beaucoup moins coûteuse que la laque vénitienne traditionnelle, cette technique consistait en l'application d'images de scènes de genre, découpées et collées sur le meuble, puis badigeonnées de plusieurs couches de sandaraque. Il s'agissait, en quelque sorte, de l'ancêtre du « découpage » actuel. On doit son apparition à la très grande demande de meubles laqués et au coût considérable de la main-d'œuvre des *depentori*. Les premiers à imprimer ces images furent les frères Remondini de Bassano, qui resteront célèbres pour leurs jeux de cartes à jouer.

LA LAQUE DU FRIOUL

La photo ci-contre à droite montre un motif de laque du Frioul du XVe siècle : un dessin monochrome sur fond ivoire, avec un encadrement en simili bois. Il a pour caractéristiques principales : le motif monochrome, les traits anguleux et le motif du phénix, cher aux habitants de cette région d'Italie pour sa symbolique de résurrection.

LA LAQUE GÉNOISE

Les motifs de ce style montrent des traits plus souples que les précédents, tout en étant pour la plupart également monochromes. Le mobilier qu'ils ornent a souvent lui-même une ligne souple et galbée.

LE POCHOIR

Pochoir traditionnel

C'est une technique décorative parmi les plus simples : il suffit d'appliquer le pochoir, choisi dans la vaste gamme que proposent les magasins de loisirs créatifs, et de procéder à la mise en couleur.

Pochoir 3D

Cette technique exige un pochoir épais que l'on remplira avec un enduit texturant appliqué à la spatule. Elle permet de réaliser des motifs spectaculaires en trois dimensions.

Pochoir fantaisie

Dans notre exemple, une simple pièce de dentelle – on la choisira sans grande valeur – fait office de pochoir. Après l'avoir appliquée sur le meuble, nous avons vaporisé la peinture noire en bombe sur le fond blanc du meuble : le résultat est le motif blanc sur fond noir de la photo ci-dessus.

TAMPONS ET IMPRESSIONS DIVERSES

Imprimés sur la surface mate d'un meuble, les tampons traditionnels en caoutchouc produisent un résultat très naturel.

Tampon rouleau

Il en existe une vaste gamme dans le commerce, proposant les motifs les plus divers. Le tampon rouleau permet la réalisation de motifs décoratifs de manière simple et rapide.

Tampons et impressions fantaisie

Toiles de jute et autres tissus à trame large peuvent se prêter à des impressions originales, comme la poche de jeans ci-dessus, imprimée en bleu foncé sur un fond bleu clair encore humide.

Transfert à fresque

Vous trouverez dans le commerce des motifs spécialement conçus à cet effet. Pour les appliquer, retirez la feuille de protection et collez-les sur une surface rendue rugueuse par l'application d'une couche d'apprêt. Mouillez légèrement le papier jusqu'à ce que vous puissiez voir apparaître l'image. Découpez alors délicatement au cutter le papier mouillé pour le retirer.

Alcool

LES PROJETS

Ce chapitre propose des idées de décoration faisant principalement appel à la technique de la laque pour ses qualités esthétiques incomparables. Deux meubles, entre autres, vous seront présentés : nous les vernirons à la gomme-laque, avant de les peindre. Il s'agit du coffre au blason (page 81) et du guéridon (page 106).

Le chapitre se compose de trois parties : la première est consacrée aux styles traditionnels, la deuxième aux meubles de récupération et la dernière aux techniques fantaisie.

Dans la première partie, vous trouverez des propositions classiques, et de ce fait toujours d'actualité. Une fois décorés, les meubles reçoivent souvent un dernier traitement de « vieillissement » selon différentes méthodes, de manière à suggérer la patine du temps.

La deuxième partie vous invite à travailler sur des meubles de récupération, parfois encore beaux, parfois en mauvais état, mais qui justement se prêtent à merveille à toutes sortes d'expériences avec, à la clé, leur métamorphose.

Enfin, la troisième partie présente plusieurs techniques, certaines nouvelles, d'autres moins, ayant en commun une bonne dose d'imagination. Parmi les plus novatrices, citons celle qui produit un effet miroir sur le plateau en verre d'une table basse, et qui transforme totalement le style du meuble.

PROJET 1

LA COMMODE AVEC MOTIFS DE CHINOISERIES

Cette commode joliment galbée nous a inspiré une décoration à motifs de chinoiseries, très en vogue au XVIIIe siècle. Toutefois, malgré cette note historique, le meuble s'intégrera à merveille dans un mobilier contemporain, notamment s'il s'agit de la seule pièce importante et vraiment personnelle de l'appartement *(réalisation finale du projet illustrée en p. 43)*.

1

Pour obtenir un résultat impeccable, commencez par poncer soigneusement le meuble avec du papier de verre, d'abord gros, puis fin, sans oublier les tiroirs. Badigeonnez ensuite la totalité de la surface d'une couche de pâte à bois. Laissez sécher, puis poncez de nouveau.

Matériel

- Commode à trois tiroirs avec pieds sabre
- Pâte à bois
- Apprêt
- White-spirit
- Primaire d'accrochage
- Cire solide de finition
- Motifs de chinoiseries
- Papier calque
- Fusain
- Crayon
- Scotch en papier
- Papier de verre gros et fin
- Mètre
- Mèche coton
- Pigment terre d'ombre naturelle
- Peintures acryliques : ocre jaune, marron rehaussé d'une nuance de rouge, blanc cassé
- Éponge en caoutchouc mousse
- Pinceaux pour l'apprêt, pour la pâte à bois et pour le primaire d'accrochage
- Pinceau pour le vernis à l'eau
- Pinceaux à peinture : nos 8, 4, 2 et 6
- Brosse à tableaux souple pour les patines faux marbre
- Poche plastique (type supermarché)
- Coupelles pour les différentes peintures
- Perceuse
- Poignées ou boutons de tiroir dans le style

2

2 Passez deux ou trois couches d'apprêt, en veillant à ce qu'elles ne soient pas trop denses car cela rendrait le ponçage plus difficile. Préparez la teinte souhaitée en ajoutant les couleurs de votre choix au primaire. Dans notre exemple, nous avons choisi une teinte tabac clair, sachant que le vernis final donnera un ton plus foncé à l'ensemble.

3

4

5

3 Laissez sécher, poncez, puis appliquez une deuxième couche ; poncez cette dernière avec du papier de verre fin. Positionnez le calque avec le motif à reproduire sur le meuble, de manière à vous assurer que les dimensions concordent. Retournez la feuille de papier-calque, posez-la sur le plan de travail et noircissez au fusain les contours du motif en transparence. Remettez la feuille à l'endroit et procédez au transfert du dessin sur le meuble.

4 Centrez soigneusement la feuille sur la surface à décorer, puis fixez-la avec du scotch en papier : repassez les contours du motif au crayon, de manière à le reporter sur le meuble. Procédez de la même manière sur les trois faces galbées de la commode. Préparez quatre couleurs : ocre, ocre plus foncée, marron et blanc. Gardez-les à portée de main dans des petits pots avec couvercle. Peignez tout le dessin avec le pinceau n° 8 chargé de peinture ocre, ombrez-en certaines parties avec la teinte ocre plus foncée, puis apposez quelques touches de blanc du côté opposé pour suggérer un effet de volume.

5 Poursuivez de la sorte sur les autres parties du dessin, en alternant les teintes et les pinceaux jusqu'à ce que vous obteniez le résultat souhaité. Sachez-le : tant que vous n'aurez pas appliqué une couche de vernis, le dessin pourra toujours être corrigé par une couche de primaire.

6 Voici comment se présente le motif peint de chaque côté de la commode, après application des trois couleurs les plus claires.

7 Trempez le pinceau n° 4 dans la teinte marron et repassez d'un trait léger les contours de chaque élément du paysage. Cela donnera du relief à l'ensemble.

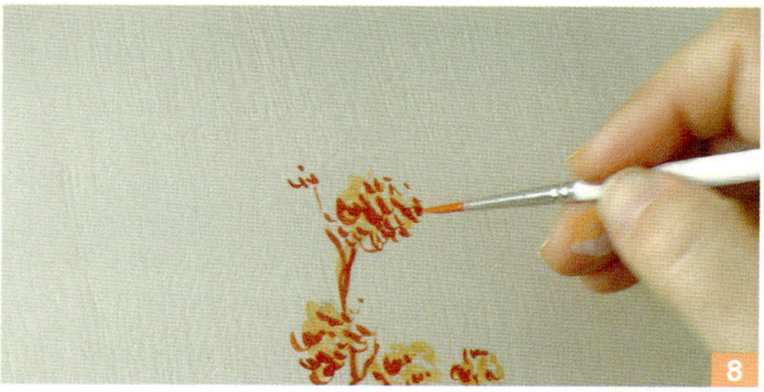

8 Ombrez de marron certaines parties du feuillage avec le même pinceau.

9 Le détail de cette photo montre le résultat après l'application des quatre couleurs.

10 Voici une vue d'ensemble du paysage achevé, peint de chaque côté de la commode.

11 Une fois les côtés terminés, passez à la peinture de la face avant du meuble. Peignez en ocre clair le soleil et les nuages avec quelques nuances d'ocre foncé, puis poursuivez avec des ajouts de blanc.
Comme vous l'avez fait sur les flancs de la commode, ajoutez un peu de blanc pour suggérer le côté du paysage qui reçoit la lumière ; ombrez le côté opposé.

12 Les deux teintes ocre confèrent un premier effet de profondeur, tandis que de fins traits blancs évoquent les plis des vêtements. Au cours du travail, prenez régulièrement un peu de recul par rapport au meuble afin d'évaluer l'intervention la plus opportune.

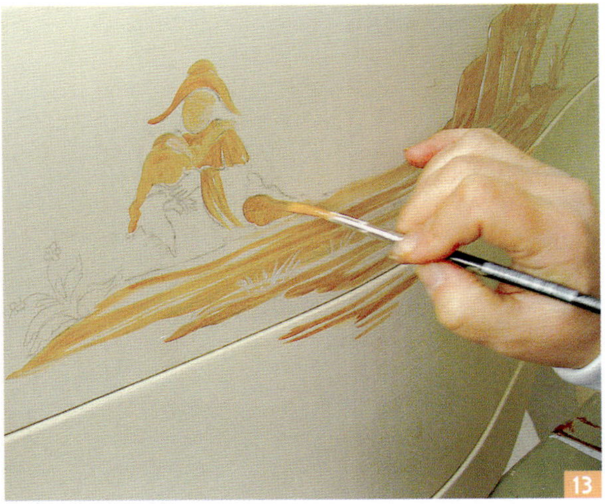

13 Dès que vous aurez appliqué les trois couleurs sur le premier groupe de figures de droite, passez à celui de gauche, en procédant de la même manière.

14 Chargez de blanc le pinceau n° 4 et soulignez les visages et les coiffures d'un fin trait lumineux.

15

15 Achevez de peindre les détails avec le pinceau n° 4 chargé de marron. Commencez par ombrer les rayons du soleil et les nuages, poursuivez en soulignant quelques touffes de feuillage, puis en dessinant les traits des visages et les contours des éléments du décor. Quelques coups de pinceau en virgule suffiront à évoquer les plumes du turban.

16

17

16 En observant les coiffures des deux personnages, notez comme l'ajout d'une touche de blanc d'un côté et d'une note plus foncée de l'autre suggère sans hésitation la provenance de la source lumineuse.

17 Des détails du paysage comme les brins d'herbe et les aspérités du terrain seront également soulignés par un léger trait marron.

18 Parachevez votre travail par quelques traits marron délimitant les espaces de la perspective. Pour finir, forez des trous à la perceuse pour installer des poignées dans le même style.

18

Réalisation d'un faux marbre

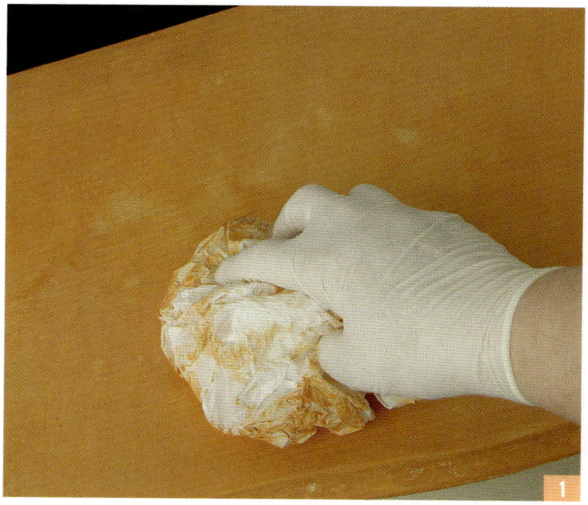

1 Peignez dans la teinte ocre de votre choix le plateau de la commode. Sans attendre le séchage de la peinture, frottez la surface avec une poche plastique roulée en boule, en la tamponnant de manière irrégulière pour créer des zones plus ou moins foncées.

2 Poursuivez votre travail sur la surface humide : pressez un gros pinceau souple et sec sur le plateau, et créez des nuances de couleur de formes irrégulières.

3 Laissez sécher. Préparez une coupelle avec une teinte ocre plus foncée que celle de fond, du blanc et une terre d'ombre. Avec les pinceaux n°s 2, 4 et 6, appliquez-vous à imiter les veinures du marbre. Badigeonnez la totalité du plateau de la commode d'une couche de vernis transparent à l'eau, laissez sécher, puis poncez. Passez une deuxième couche de vernis et poncez de nouveau. Faites briller en appliquant une quantité généreuse de cire de protection.

La commode ci-contre s'inspire librement d'un meuble d'époque génoise, où le dessin rouge monochrome est associé aux motifs en polychromie.

PROJET 2

LA TÊTE DE LIT PERSONNALISÉE

La tête de lit de ces pages s'inspire librement d'un banc du XIIIe siècle de la région des Marches, en Italie. Elle est assez facile à réaliser et requiert un budget modeste *(réalisation finale du projet illustrée en pp. 50-51).*

1

1 Après avoir reporté le patron du dessin de votre choix sur le panneau de bois, installez la lame adéquate sur la scie sauteuse et découpez le contour de la tête de lit. Poncez le panneau sur toutes ses faces, y compris sur son épaisseur. Comblez de pâte à bois les éventuelles imperfections et appliquez-la aussi sur le pourtour du panneau, si celui-ci est en contreplaqué. Laissez sécher, puis poncez soigneusement pour lisser la surface. Appliquez au moins deux couches d'apprêt acrylique ; laissez sécher et couvrez la totalité de la surface d'une couche de primaire tabac clair.

2

2 Reportez le motif des colonnettes latérales et celui de la bordure. Peignez les colonnes à l'acrylique dans une teinte bleu-vert clair, ainsi que les bords décoratifs en haut et en bas.

Matériel

- Panneau de 160 x 85 cm en sapin ou en contreplaqué de 1,8 cm d'épaisseur minimum
- Scie sauteuse avec lame adaptée à l'épaisseur du bois
- Bouche-pores
- Apprêt
- White-spirit
- Primaire tabac clair
- Pâte à bois
- Spatule pour pâte à bois
- Cire solide teintée
- Motif au choix
- Papier calque
- Fusain et crayon
- Scotch en papier
- Papier de verre fin et gros
- Mètre
- Mèche coton
- Pinceau pour apprêt acrylique
- Pinceau pour bouche-pores
- Pinceau pour primaire
- Pinceaux à peinture : n°s 14, 10, 12, 8, 4 et 6
- Éponge naturelle

Pour le fond

- Primaire tabac clair teinté avec les colorants liquides universels marron, ocre jaune et rouge

Pour les motifs

- Peintures acryliques : blanc, terre d'ombre naturelle, bleu-vert foncé, moyen et clair

3 Reportez les motifs à l'intérieur du cadre. Petite astuce pour éviter de salir votre travail avec le fusain : avant usage, brossez le calque avec un pinceau sec, cela n'empêchera pas le transfert de l'image tout en retirant le surplus de fusain. Remplissez le médaillon ovale de la couleur utilisée pour les colonnettes latérales.

4 Procédez à la mise en couleur de tous les motifs qui ornent la partie supérieure du panneau avec la teinte déjà utilisée et le pinceau n° 14. Pour réaliser la fleur de lys – en haut, au centre de la tête de lit – procédez en réalisant des feuilles et des virgules comme le montre la photo.

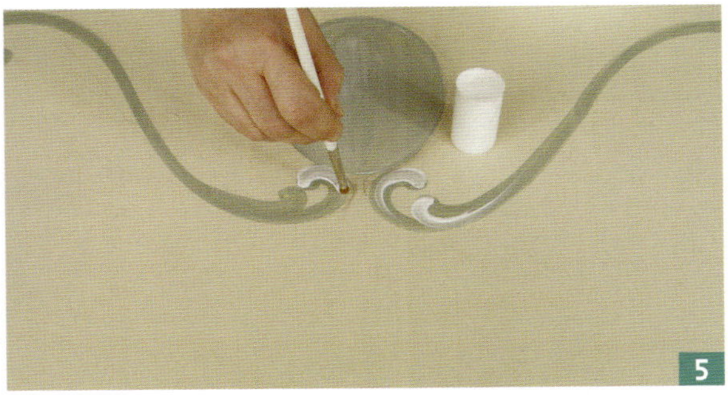

5 Continuez en dessinant des motifs de boucles sur les côtés, de manière à circonscrire le dessin en créant une sorte d'encadrement naturel. Trempez le pinceau n° 10 dans la peinture blanche et passez-le sur le vert encore mouillé du médaillon pour créer des nuances lumineuses.

6 Ajoutez des nuances de blanc sur les boucles et sur les lignes d'encadrement du médaillon. Laissez sécher. Tracez de fins traits sur le pourtour intérieur de l'ovale et des petits points blancs dans la partie du bas.

7 Appliquez au pinceau n° 12 la terre d'ombre naturelle diluée, pour suggérer une zone d'ombre sur l'un des côtés du motif.

8 Faites de même pour la fleur de lys de manière à produire un effet de relief.

9 Trempez le pinceau n° 4 dans le bleu-vert foncé et repassez les lignes peintes d'un trait fin, comme montré sur la photo.

10 Grâce à cela, l'ensemble du motif prend du relief, les boucles et les volutes semblent se détacher du fond.

11 Continuez de la même manière sur chaque détail, sans oublier que pour réaliser les traits droits vous pouvez vous aider d'un repère de distance.

12 Repassez d'un trait l'encadrement extérieur de la tête de lit avec le bleu-vert foncé appliqué cette fois au pinceau n° 6. Cela donnera encore plus de relief au motif peint dans la partie centrale du panneau.

13 Doublez ce trait avec la même couleur, comme l'illustre la photo, dessinez les boucles dans les angles du haut et reprenez chaque trait laissé inachevé.

14 Préparez le motif des initiales entrecroisées et reportez-le au fusain au centre du médaillon.

15 Repassez les initiales avec un pinceau fin chargé de bleu-vert foncé.

16 Quand la peinture sera parfaitement sèche, poncez la totalité de la surface de manière à conférer à l'ensemble un aspect légèrement «vécu». Diluez la peinture marron, trempez-y l'éponge naturelle, essorez-la soigneusement et faites dégorger l'excédent de peinture sur du papier absorbant. Tamponnez la tête de lit de manière irrégulière, en retournant l'éponge sur toutes ses faces pour obtenir des empreintes différentes.

17

17 Pour finir, couvrez l'ensemble d'une fine couche de cire, naturelle ou dans la teinte noyer. Faites briller avec de la mèche coton.

PROJET 3

LE COFFRE DÉCORÉ

Ce motif ton sur ton convient à merveille au coffre aux proportions gracieuses proposé dans ces pages. La cire, poncée après application, donne au meuble un joli effet ancien *(réalisation finale du projet illustrée en p. 54).*

1 Poncez soigneusement le meuble au papier de verre, d'abord avec le gros, puis avec le plus fin. Passez une couche de lasure à l'intérieur du meuble et laissez sécher. Couvrez l'extérieur d'une couche de peinture acrylique ocre jaune.

2 Avec un gros pinceau, badigeonnez le meuble d'une couche de primaire et laissez sécher. Ensuite, poncez celle-ci soigneusement jusqu'à ce qu'affleure çà et là l'ocre jaune sous-jacent.

3 Choisissez un motif dont la taille convienne à la surface à décorer : reportez-le en place au fusain ou au poncif, au choix.

Matériel

- Petit coffre avec pieds en bois
- Primaire d'accrochage pour les murs
- Motif au choix
- Papier calque
- Fusain
- Crayon
- Scotch en papier
- Papier de verre gros et fin
- Cire teinte noyer
- Essence de térébenthine
- Lasure à l'eau teinte noyer
- Laine d'acier fine (n° 000)
- Pinceau pour le primaire d'accrochage
- Pinceau pour la peinture acrylique de fond
- Pinceau pour la lasure
- Pinceau pour la cire
- Pinceaux à peinture : n°s 14, 12 et 4

Pour le fond

- Peinture acrylique ocre jaune

Pour le motif

- Peintures acryliques : blanc et terre d'ombre naturelle

4 Chargez le pinceau n° 14 de peinture acrylique blanche bien dense et tracez de grosses boucles suivant les traits du dessin. Peignez les volutes d'un geste sûr et rapide, sans hésitation. La texture même de la peinture formera comme un motif en relief.

5 Ombrez le motif avec la terre d'ombre naturelle diluée, appliquée avec le pinceau n° 12.

6 Chargez le pinceau n° 4 de terre d'ombre naturelle et esquissez par endroits le contour des motifs. Travaillez tout en finesse en veillant à ne pas surcharger l'ensemble.

7 Rehaussez de blanc çà et là avec une peinture très dense appliquée au pinceau n° 4.

8 Grâce à ce travail ton sur ton, le motif doit donner l'impression de se détacher du fond, en prenant du relief.

9 Versez un peu d'essence de térébenthine dans le pot de cire solide teintée, puis appliquez le produit au pinceau. Laissez sécher, puis frottez la surface à la laine d'acier n° 000 pour faire ressortir par endroits le blanc de la peinture. Celui-ci, grâce à la cire, aura pris une jolie nuance ambrée.

PROJET 4

LE PETIT BUFFET À L'ANCIENNE

Le motif géométrique réalisé sur les portes de ce petit meuble s'inspire des monochromes de style frioulan décrits en début d'ouvrage et s'enrichit de quelques feuillages ocre jaune *(réalisation finale du projet illustrée en p. 60).*

1

1 Poncez le meuble avec du papier de verre d'abord gros, puis moyen. Pour ce faire, commencez par retirer les tiroirs et démonter les portes. L'étape suivante est incontournable.

2

2 Passez une à deux couches de lasure couleur noyer à l'intérieur et à l'extérieur des tiroirs, sauf sur la façade. Faites de même à l'intérieur du meuble.

3

3 Pour la base couvrante, additionnez le primaire des colorants jusqu'à obtenir une couleur rouge brique. Badigeonnez-en le meuble et laissez sécher.

4

4 Préparez un petit pot de primaire blanc bien dense et appliquez des coups de pinceau irréguliers sans couvrir entièrement la surface du meuble. Laissez sécher et poncez.

Matériel

- Petit buffet à deux portes et deux tiroirs
- Lasure à l'eau couleur noyer pour les tiroirs et l'intérieur du meuble
- Apprêt acrylique

Pour le fond

- Primaire et colorants liquides universels marron et rouge
- Vernis à l'eau
- Cire solide noyer
- Motif pour les portes
- Papier calque
- Fusain
- Crayon
- Scotch en papier
- Papier de verre gros et moyen
- Laine d'acier fine (n° 000)
- Mèche coton

Pour la peinture

- Peintures acryliques : blanc, jaune, ocre jaune clair, bleu-vert clair et bleu-vert foncé
- Grattoir
- Marteau à picots
- Pinceau pour le primaire teinté
- Brosse pour le primaire blanc
- Pinceau pour la lasure à l'eau
- Pinceau pour le vernis à l'eau
- Pinceaux à peinture : n°s 16, 6, 4 et 2
- Perceuse
- Poignées et boutons de porte dans le style

5 Couvrez le meuble d'une couche de primaire blanc beaucoup plus fluide que le précédent : laissez sécher et poncez légèrement. Vous constaterez par endroits des irrégularités et des zones de transparence dues aux traitements déjà effectués. Cela contribuera à donner un aspect un peu ancien à votre meuble. Reportez le motif choisi sur le papier-calque et faites des essais de positionnement en transparence jusqu'à trouver l'endroit qui convient.

6 Retournez la feuille de calque et positionnez-la sur la porte du meuble, celle de gauche dans notre exemple. Si l'encadrement gêne l'application du scotch, servez-vous-en pour y coincer le calque. Reportez le motif au fusain en repassant le dessin au crayon.

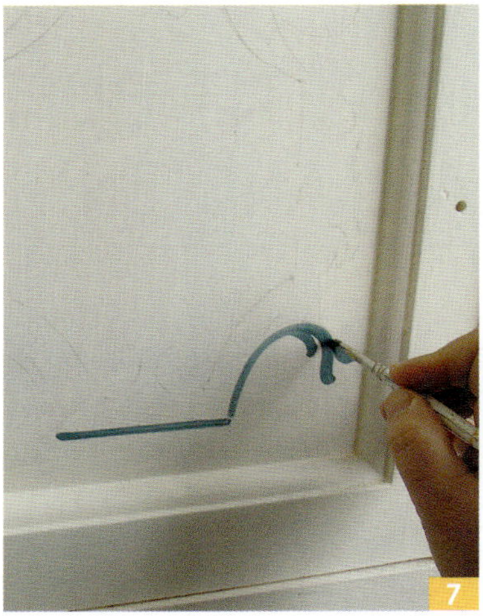

7 Chargez le pinceau n° 6 de peinture bleu-vert et commencez par tracer le trait droit du bas à main levée. Continuez votre dessin en vous inspirant des exercices d'apprentissage proposés en début d'ouvrage, notamment pour la réalisation du « U » et des boucles.

8 Dans la partie supérieure du dessin, peignez avec le même pinceau et la même couleur un « U » à droite et un « U » à gauche, avec quelques boucles. Dessinez deux boucles supplémentaires sous la ligne droite du haut, l'une à droite, l'autre à gauche.

9 Chargez le pinceau de peinture bleu-vert éclaircie par une touche de blanc et tracez les lignes droites latérales.

10 Continuez à repasser le dessin d'un trait bleu-vert clair, puis réalisez les quatre motifs dans les angles.

11 Chargez le pinceau n° 4 de peinture bleu-vert foncé et soulignez par endroits les boucles et les motifs tracés.

12 Recommencez depuis le début sur la porte de droite, en y reportant le dessin et en le peignant. Donnez de la luminosité à votre motif en ajoutant de petites touches au pinceau n° 2 pour suggérer la provenance de l'éclairage, d'en haut, par exemple.

13 Chargez le pinceau n° 2 d'ocre jaune et peignez à main levée deux petites branches feuillues, comme montré ci-dessus. Pour vous aider, la branche peut être réalisée en vous inspirant de l'exercice du « S », les feuilles, de celui des pétales (voir pp. 24-25).

14 Avec le pinceau n° 16 trempé dans la peinture jaune, mettez en couleur l'encadrement de chaque porte du meuble en veillant à ne pas déborder. Peignez de la même manière le bord du plateau de votre petit buffet.

15 Peignez en jaune pâle les anneaux des colonnettes et en bleu-vert clair la partie comprise entre deux anneaux. Utilisez pour cela le pinceau n° 6 et faites attention à ne pas déborder.

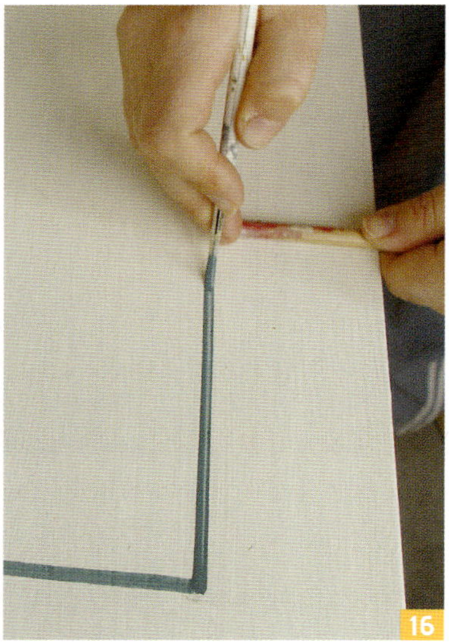

16 En ce qui concerne la décoration du plateau et des façades des tiroirs, optez pour un simple filet d'encadrement afin de ne pas surcharger le résultat d'ensemble. Tracez ces filets en vous aidant de la règle, de l'équerre et du crayon. Chargez le pinceau n° 6 de bleu-vert, les teintes claire et foncée mélangées, puis commencez par le trait d'encadrement du plateau. Pour réussir une ligne bien droite, vous pouvez, comme nous, vous aider d'un gros pinceau faisant office de repère de distance. Procédez de la même manière pour les façades des tiroirs.

17 Une fois l'encadrement terminé, trempez le pinceau n° 4 dans la peinture acrylique blanche et repassez la ligne tracée, toujours à l'aide du repère de distance.

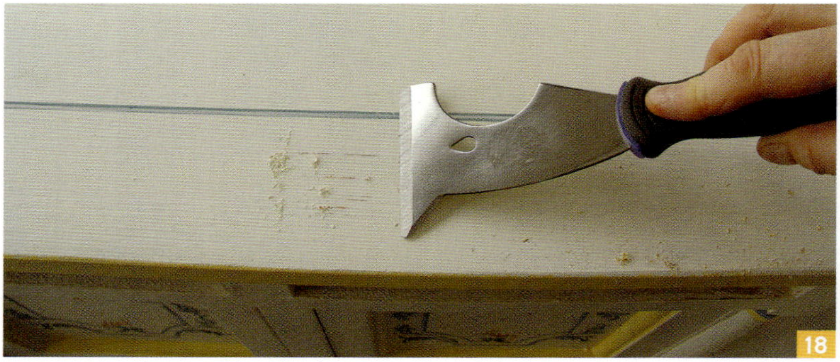

18 Attachez-vous désormais à donner une patine ancienne à l'ensemble. Frottez la surface au grattoir pour retirer un peu de couleur par endroits, puis frappez de quelques coups de marteau à picots le plateau et les flancs du petit meuble, de manière à suggérer une usure vraisemblable.

19 Raclez çà et là les arêtes du meuble avec la partie arrondie du grattoir.

20 Protégez le meuble par une couche de vernis à l'eau. Quand il sera sec, badigeonnez l'ensemble de cire solide couleur noyer : laissez agir quelques heures, puis frottez avec la mèche coton pour faire briller. La cire se déposera dans les creux du bois en laissant des traces foncées qui donneront à votre meuble le charme de l'ancien.

La console ci-contre a été décorée
avec la technique utilisée
pour le petit buffet à l'ancienne.
Le motif choisi met en valeur le tiroir.

PROJET 5

DÎNER SOUS LA VÉRANDA

La table de ces pages s'orne de feuilles d'acanthe, un motif récurrent de la décoration classique, interprété ici dans des couleurs apaisantes qui évoquent la nature. Les différents éléments s'inscrivent dans un cadre de lignes harmonieuses qui créent une continuité entre les deux parties du plateau *(réalisation finale du projet illustrée en p. 65)*.

1

1 La table à rabat est très utile pour son encombrement minimum par rapport à l'ampleur du plateau déployé. Le motif proposé occupe la totalité du plateau. Le vernis bi-composant donnera à la table la résistance nécessaire à l'usure et aux rayures.

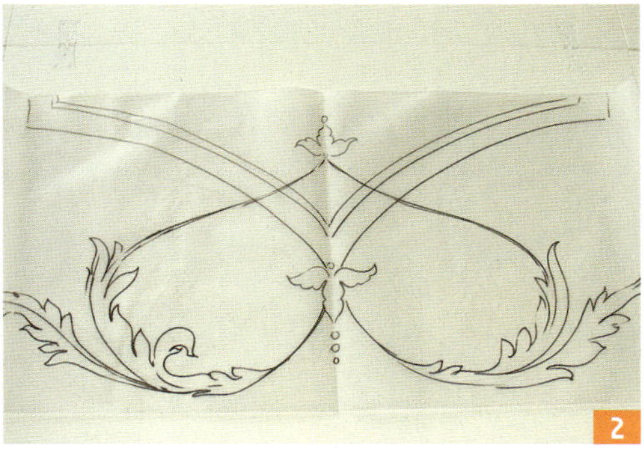
2

2 Afin d'obtenir une surface parfaitement lisse, commencez par poncer soigneusement le plateau avec le papier de verre gros, puis fin. Appliquez ensuite une couche de bouche-pores, laissez sécher parfaitement, puis posez deux couches d'apprêt en intercalant entre elles un ponçage au papier de verre fin. Procurez-vous un motif pouvant s'inscrire sur la moitié du plateau et reportez-le en place avec du papier-calque.

3 Après avoir noirci les traits du motif au fusain au dos du papier-calque, positionnez la feuille sur la moitié du plateau de votre choix. Repassez les contours au crayon pour reporter le motif.

3

Matériel

- Table à rabat de 200 x 200 cm une fois ouverte
- Bouche-pores transparent
- Apprêt

Pour le fond

- Primaire blanc
- Colorants universels liquides marron et jaune
- Vernis à l'eau
- Vernis bi-composant nitro
- Diluant cellulosique
- White-spirit
- Motif à reporter sur le plateau
- Papier calque
- Fusain
- Crayon
- Scotch en papier
- Papier de verre gros et fin

Pour la peinture

- Peintures acryliques : blanc, jaune, ocre, vert foncé, vert clair, terre d'ombre naturelle
- Pinceau pour le primaire teinté
- Pinceau pour l'apprêt
- Pinceau pour le vernis bi-composant
- Pinceau pour le vernis à l'eau
- Pinceaux à peinture : nos 14, 12, 10 et 6

4 Soulevez le calque. Roulez en boule des feuilles de papier absorbant et frottez-en délicatement le motif reporté, afin de retirer l'excédent de fusain et d'éviter de salir votre travail.

5 Préparez les peintures acryliques vert clair, vert foncé, ocre, blanc, terre d'ombre ; placez-les dans des petits gobelets en plastique faciles à manipuler. Diluez-les suffisamment pour que la peinture glisse parfaitement sur la surface à peindre. Avec les pinceaux n°s 14 et 12 et la couleur vert clair, repassez les traits du motif en vous inspirant des exercices proposés en début d'ouvrage. Chargez ensuite le pinceau de peinture vert foncé et repassez les traits encore mouillés de peinture vert clair. Veillez à appliquer des coups de pinceau souples et fluides.

6 Pour les traits droits, servez-vous d'un des pinceaux les plus longs comme d'un repère de distance et appliquez la peinture au pinceau n° 12.

7 Pour les motifs au centre de la composition, utilisez le pinceau n° 6 en reprenant les motifs de feuilles et de boucles en début d'ouvrage (voir pp. 26-27).

8 Terminez la peinture des parties en vert, puis poursuivez avec la couleur ocre. Peignez de cette couleur les deux traits parallèles du dessin.
Procédez à main levée à la mise en couleur des lignes légèrement arrondies, avec le pinceau n° 12.
Posez votre auriculaire sur le plateau pour gagner en stabilité.

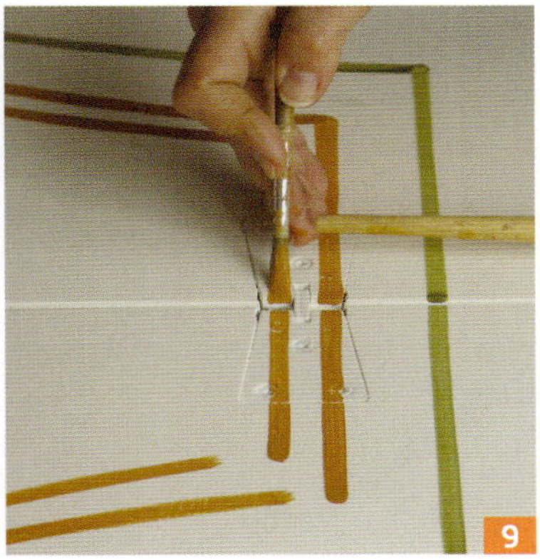

9 Continuez en faisant se rejoindre les lignes droites et arrondies avec la méthode du repère de distance (voir p. 29).

10 Procédez à la peinture de la seconde partie de la composition. Le trait doit suggérer de grandes feuilles : utilisez le pinceau n° 12 chargé de peinture ocre.

11 Avec la peinture vert clair diluée, donnez de la profondeur à votre motif en ajoutant quelques coups de pinceau sur l'un des côtés, tel que le montre la photo.

12 Avec le pinceau n° 6 chargé de terre d'ombre, soulignez quelques traits du feuillage et les tiges par endroits. Cela donnera du relief à l'ensemble de la peinture.

13

13 Ajoutez çà et là quelques notes de blanc pour donner encore plus de lumière à l'ensemble. Notez comme le fait d'éclairer un côté, en ombrant de l'autre, met en valeur votre décor.

14

14 Pour finir, tracez un encadrement tout autour du plateau, avec le pinceau n° 12 chargé de vert. Utilisez encore une fois la méthode du repère de distance.

15

15 Protégez le travail fini par une couche de vernis à l'eau et poncez une dernière fois avec du papier de verre fin. Préparez le vernis bi-composant et appliquez-en une fine couche sur toute la surface de la table.

PROJET 6

L'ÉTAGÈRE FLEURIE

Ce meuble dégage une fraîcheur presque alpine, grâce aux petits bouquets pastel qui ornent ses étagères *(réalisation finale du projet illustrée en p. 70).*

1 Procurez-vous un petit meuble aux étagères suffisamment profondes pour pouvoir être ornées de ces bouquets délicats peints à main levée. Commencez par le poncer au papier de verre d'abord gros, puis fin. Passez une couche d'apprêt et poncez à nouveau. Versez quelques gouttes des colorants liquides vert et jaune dans le primaire blanc, afin d'obtenir une jolie nuance de vert pastel. Passez au moins deux couches de cette peinture sur tout le meuble, en attendant le séchage complet entre l'une et l'autre.

1

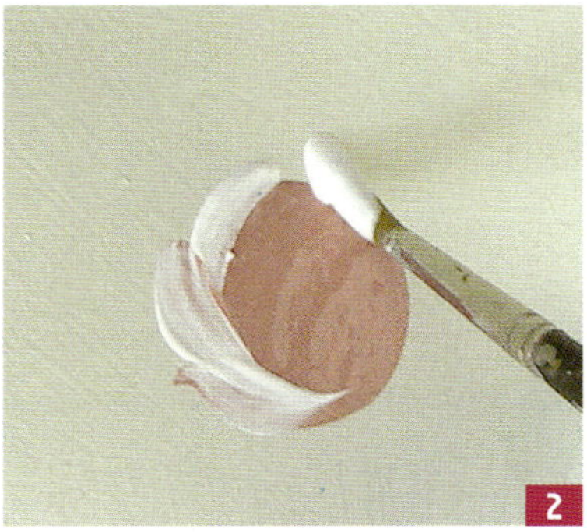
2

2 Préparez les peintures acryliques rose pâle, bleu gris, blanc, ocre jaune clair et vert, ainsi que le pinceau n° 8 pour peindre les fleurs. Diluez les peintures et placez-les dans des petites boîtes plastiques avec couvercle, faciles à manipuler. Peignez les bouquets de fleurs aux angles des étagères, en veillant à ce qu'ils restent visibles lorsque divers objets seront placés sur le meuble. Pour la rose : commencez par peindre le cercle du milieu en rose pâle ; lavez le pinceau, trempez-le dans la peinture blanche et peignez des virgules partant du centre et remontant vers le haut, puis d'autres virgules s'y superposant en bas à gauche. Répétez l'opération dans l'angle opposé de l'étagère.

3

3 Complétez les virgules des pétales et peignez la dernière virgule à la base du cercle rose pâle. La nuance de couleur est obtenue en appliquant le blanc des pétales sur le rose encore humide.

Matériel

- Étagère avec colonnettes moulurées
- Apprêt

Pour le fond

- Primaire blanc et colorants universels liquides jaune, ocre et vert
- Vernis à l'eau
- White-spirit
- Motif pour les étagères
- Papier calque
- Fusain
- Crayon
- Scotch en papier
- Papier de verre gros et fin

Pour la peinture

- Peintures acryliques : blanc, rose pâle, bleu gris, ocre jaune clair, vert
- Pinceau pour le primaire teinté
- Pinceau pour l'apprêt
- Pinceau pour le vernis à l'eau
- Pinceaux à peinture : nos 8 et 6

4 Trempez le bout du pinceau chargé de blanc dans la peinture rose, puis réalisez les petits pétales à la base de la rose.

4

5 Avec le pinceau portant encore des restes de blanc mais presque sec, déposez un voile clair au cœur de la fleur pour finaliser la rose comme ci-contre.

5

6 Tant qu'il reste de la peinture sur le pinceau, peignez quelques pétales çà et là sachant que, par la suite, vous les relierez à la composition florale par de fins rameaux verts. Chargez le pinceau d'ocre jaune clair et peignez une couronne de pétales tout près de la rose.

6

7

7 Intervenez avec la peinture blanche sur les pétales jaunes encore mouillés, de manière à créer de délicates nuances.

8

9

8 Réalisez deux compositions symétriques sur chaque étagère, une à chaque extrémité. Ajoutez une petite couronne de pétales bleus à côté des fleurs déjà peintes.

9 Ajoutez quelques touches de blanc à la peinture bleue encore mouillée. Si les couleurs ne se mélangent pas bien, ajouter un voile de peinture bleue. Continuez de la même manière sur chaque étagère du meuble.

10

10 Reliez maintenant les pétales isolés au reste de la composition : peignez un rameau vert avec le pinceau n° 6. La photo ci-dessus montre la composition au centre de l'étagère supérieure.

11

11 Trempez le bout du pinceau encore imprégné de peinture verte dans l'ocre jaune clair, peignez des feuilles de part et d'autre du rameau.

12

12 Ajoutez du feuillage selon votre inspiration, de manière à compléter harmonieusement la composition.

13

13 Voici une fois terminé le détail du motif d'un des angles de l'étagère. Notez bien le rendu des ombres et des lumières qui donne du relief au décor.

14 Si vous prenez soin de placer le motif près des bords de l'étagère, celui-ci restera visible même lorsque différents objets seront posés dessus.

14

15

15 Pour mieux conserver les couleurs de votre décor, et de votre meuble par la même occasion, couvrez l'ensemble d'une couche de vernis à l'eau de bonne qualité. Poncez avec du papier de verre fin, puis passez une deuxième couche de vernis.
Si au contraire vous préférez donner à votre étagère une patine un peu ancienne, poncez le meuble avant de le vernir, puis appliquez une cire teintée après la première couche de vernis. Pour obtenir ce cachet ancien, vous pouvez aussi utiliser la méthode décrite pour la tête de lit (voir pp. 50-51).

il Linguaggio dei Fiori

PROJET 7

LES TABLES GIGOGNES

Ces tables gigognes aux proportions légères s'inspirent du style rococo. Le fond clair s'enrichit de compositions fleuries dans des teintes pastel *(réalisation finale du projet illustrée en p. 75).*

1 Préparez les tables en les ponçant soigneusement avec le papier de verre d'abord gros, puis fin, et en les couvrant d'une couche d'apprêt acrylique. Poncez à nouveau.

2 Une fois les tables sèches, appliquez une couche de peinture acrylique rouge brique. Laissez sécher.

3 Appliquez le vernis à craqueler au pinceau, en procédant par touches irrégulières sur toute la surface.

Matériel

- Tables gigognes
- Apprêt acrylique

Pour le fond

- Peintures acryliques : blanc, rouge brique, vert d'eau

Pour la peinture

- Peintures acryliques : rouge, blanc, vert, bleu ciel, jaune
- Vernis à craqueler mono-composant
- Vernis à l'eau
- Motifs de bouquets à reporter
- Papier calque
- Fusain
- Crayon
- Cire dorée à appliquer au doigt
- Cire de protection en bombe
- Mèche coton
- Scotch en papier
- Papier de verre gros et fin
- Pinceau pour l'apprêt
- Pinceau pour la peinture acrylique de fond
- Pinceau pour le vernis à craqueler
- Pinceau pour le vernis à l'eau
- Pinceaux à peinture : n°s 2 et 4
- Brosse plate n° 2

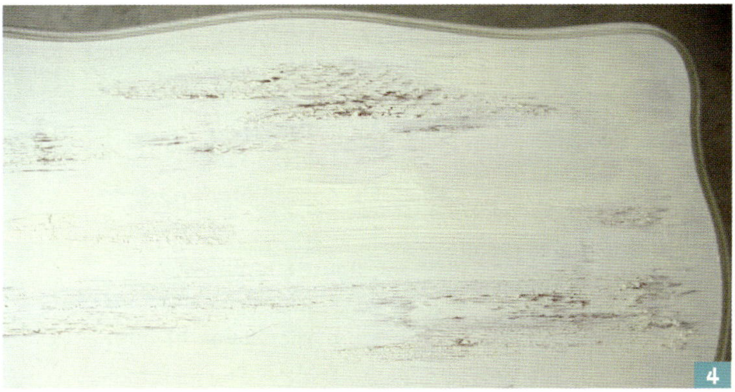

4

5

4 Quand tout sera sec, passez une couche de peinture acrylique blanche. Veillez à ne pas passer deux fois au même endroit, vous pourriez recouvrir définitivement les craquelures qui viennent d'apparaître. Laissez sécher soigneusement.

5 Préparez la peinture vert d'eau et appliquez-la à la brosse seulement sur le pourtour des plateaux de vos tables.

6

6 Préparez les motifs de fleurs, feuillage et rubans sur le papier-calque. Après les avoir noircis au fusain, reportez ces motifs en place sur l'un des plateaux.

7

7 Procédez de la même manière pour les trois tables, en veillant à moduler la taille du motif selon les dimensions de chaque plateau.

8

8 Préparez les couleurs nécessaires sur la palette humide. Préparez aussi une petite assiette et une coupelle d'eau pour bien diluer la peinture. Observez attentivement les photos pour réaliser les ombres et les lumières de la composition. Pour ombrer, chargez le pinceau d'une couleur plus soutenue, et pour donner de la luminosité trempez le pinceau dans une couleur plus diluée. Commencez par le bleu du ruban en fonçant la couleur là où le tissu se noue en rosette.

9 Dans cette deuxième composition, notez comme la couleur s'assombrit là où le ruban s'enroule, alors qu'elle est plus lumineuse sur le plat du tissu.

9

10

10 Couvrez d'un rouge léger, très dilué, la surface de la rose ; apposez une nuance plus foncée au cœur de la fleur, rappelant celle du bouton. Appliquez le vert du feuillage et peignez les autres fleurs.

11

11 Une fois la peinture de vos motifs terminée, protégez les tables par une à deux couches de vernis à l'eau, transparent et mat.

12

12 Appliquez la cire dorée au doigt sur les angles arrondis et les arêtes des pieds des tables, notamment pour en souligner les parties galbées.

13

13 Vaporisez la cire en bombe incolore sur chacune des tables, laissez agir le temps nécessaire à un séchage partiel, puis faites briller avec de la mèche coton.

PROJET 8

LE SECRÉTAIRE SUÉDOIS

Le gracieux secrétaire de ces pages s'orne de motifs bleus et blancs qui s'inspirent du style gustavien, caractéristique de la décoration suédoise de la fin du XVIIIe siècle, transposition nordique du style Louis XVI *(réalisation finale du projet illustrée en p. 80).*

1 Après avoir soigneusement nettoyé les tiroirs, couvrez-en l'intérieur d'une couche de lasure teintée. Poncez le meuble, puis appliquez une couche d'apprêt acrylique en commençant par l'intérieur : laissez sécher, fermez le volet et peignez l'extérieur. Laissez sécher et poncez de nouveau.

1

2

2 Procurez-vous un motif décoratif classique et copiez-le avec le papier-calque, en veillant à ce qu'il soit d'une taille en rapport avec l'endroit à décorer.

3 Reportez le motif sur le volet du secrétaire avec la méthode du fusain (voir p. 21). Brossez légèrement le volet pour retirer l'excédent de fusain.

3

Matériel

- Secrétaire
- Apprêt acrylique

Pour le fond

- Primaire blanc et colorant liquide universel ocre jaune
- Vernis à l'eau satiné
- Lasure teinte noyer pour l'intérieur des tiroirs
- Motif pour le volet
- Papier calque
- Fusain
- Crayon
- Scotch en papier
- Papier de verre gros et fin

Pour la peinture

- Peintures acryliques : blanc, bleu gris et bleu marine
- Pinceau pour l'apprêt acrylique
- Pinceau pour le primaire teinté
- Pinceau pour le vernis à l'eau
- Pinceau pour la lasure
- Pinceaux à peinture : n°s 6, 4 et 2
- Perceuse
- Poignées dans le style

4 Préparez les peintures bleu gris et bleu marine. Peignez les premiers motifs au pinceau n° 4 en vous inspirant des exercices proposés en début d'ouvrage pour réaliser les feuilles et les virgules. Peignez le motif de la coupe avec le bleu clair et le pinceau n° 6.

4

5

5 Préparez un troisième contenant pour la peinture blanche et peignez les trois petites roses dans le vase avec le bleu gris et le blanc. Inspirez-vous encore une fois de la rose de l'exercice des premières pages de ce livre.

6 Repassez les traits du motif avec le pinceau n° 4 chargé de bleu gris. N'oubliez pas les tiroirs ! Ne vous inquiétez pas des éventuelles petites bavures, un simple chiffon suffira pour les retirer.

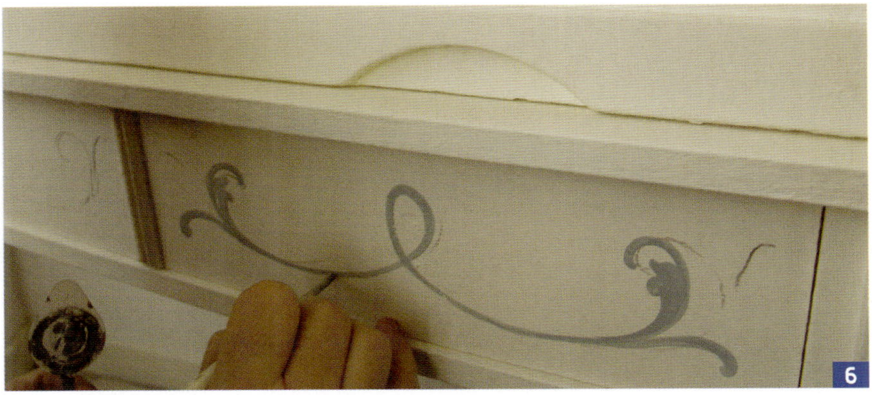
6

7

7 Une fois l'application de la peinture bleu gris terminée, soulignez certaines parties du motif avec le pinceau n° 2 chargé de bleu marine, tel que le montre cette photo.

8

8 Comme vous pouvez le remarquer dans l'image ci-contre, le bleu marine souligne le tracé du motif. Ne vous inquiétez pas d'un trait qui vous semblerait trop foncé : plus tard, il vous faudra poncer la surface au papier de verre à gros grain, avant de passer une cire teintée qui atténuera les contrastes.

9 Quelques ultimes touches de blanc au pinceau n° 2 donneront toute sa luminosité à votre décor.

9

10

10 La peinture est achevée. Il ne reste plus qu'à lui prêter un peu d'ancienneté.

11 Pour compléter les finitions, vous pouvez, si vous le souhaitez, peindre en bleu gris l'épaisseur du plateau supérieur du secrétaire.

12 Poncez délicatement les surfaces peintes. Préférez un papier de verre à gros grain pour mieux maîtriser le résultat.

13 Protégez votre travail par une couche généreuse de vernis satiné à l'eau. Poncez avec le papier de verre fin.

14 Appliquez une couche de cire teintée en la retirant aussitôt avec de la mèche coton. Laissez-la se déposer dans les recoins du meuble, puis faites briller.

PROJET 9

LE COFFRE AU BLASON

Amusez-vous à peindre un blason selon votre fantaisie, à placer là où bon vous semble : au sommet d'une armoire imposante, sur une tête de lit ou sur un coffre, comme dans notre exemple. Le motif proposé ici est extrait d'un livre de blasons allemands du XVIIIe siècle *(réalisation finale du projet illustrée en p. 85)*.

1

1 Poncez soigneusement le coffre, d'abord avec le papier de verre à gros grain, puis à grains fins. Couvrez toute la surface du meuble d'une couche de lasure à l'eau ou à solvant, à l'intérieur comme à l'extérieur. Laissez sécher parfaitement puis poncez de nouveau avec du papier de verre fin.

2

2 Préparez la gomme-laque dans un bol. Formez un tampon en plaçant une grosse boule de coton au milieu d'un carré de coton : fermez celui-ci en sachet et plongez-le dans le bol de gomme-laque. Tamponnez le coffre en procédant par bandes, de gauche à droite et inversement, sans jamais passer deux fois au même endroit. Laissez sécher, puis poncez avec la laine d'acier extra-fine. Recommencez de la même manière une dizaine de fois, jusqu'à obtenir la teinte et le ponçage souhaités.

3 Copiez le dessin sur le papier-calque, puis reportez-le en place avec la méthode du fusain, à ceci près que cette fois, il vous faudra frotter une craie blanche au dos de la feuille de calque, car le noir du fusain serait peu visible sur la teinte foncée du bois.

3

Matériel

- Coffre en bois avec charnière centrale en fer forgé

Pour le fond

- Gomme-laque
- Alcool
- Lasure teinte noyer
- Motif de blason
- Papier calque
- Craie blanche
- Crayon
- Scotch en papier
- Papier de verre gros et fin
- Cire teinte noyer
- Mèche coton
- Laine d'acier extra-fine

Pour la peinture

- Peintures acryliques : blanc, bleu-vert, ocre, terre d'ombre naturelle, rouge vermillon
- Pinceau pour la gomme-laque
- Pinceau pour la lasure
- Pinceaux à peinture : n°s 12, 2, 10 et 8

4 Chargez le pinceau n° 12 de peinture blanche et peignez le blason sans négliger la charnière et les ornements extérieurs. Laissez sécher puis, à main levée ou en vous aidant d'un calque, dessinez au crayon les motifs à l'intérieur de l'ovale.

5 Préparez le bleu-vert. Avec le pinceau n° 2 chargé de cette couleur, partagez l'ovale en quatre parties comme le montre l'illustration. Repassez également les contours des motifs dessinés.

6 Chargez le pinceau n° 12 d'ocre jaune et soulignez l'intérieur des volutes tout autour de l'ovale.

7 Quand la couleur est encore mouillée, chargez le même pinceau de peinture blanche et intervenez sur la partie extérieure des mêmes motifs.

8 Avec la peinture terre d'ombre naturelle et le pinceau n° 10, donnez du relief à vos motifs en créant un contraste de couleurs entre l'ovale et ses ornements, ce qui achèvera la peinture de l'encadrement.

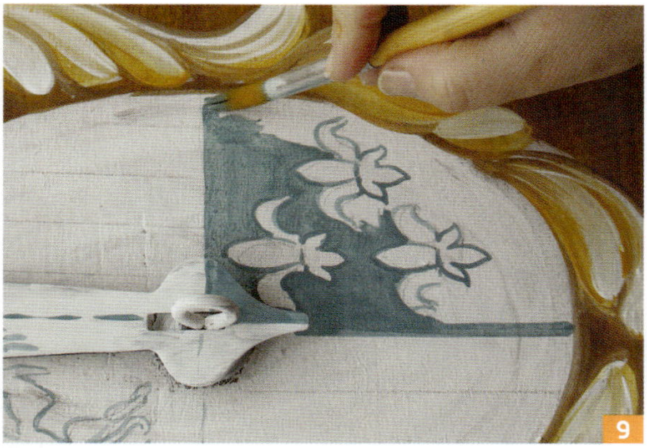

9 Peignez en bleu-vert, avec le pinceau n° 12, les deux quartiers opposés au sein de l'ovale, en prenant soin de laisser en blanc les motifs dessinés à l'intérieur.

10 Chargez le pinceau n° 8 de blanc et d'ocre jaune, puis remplissez les fleurs de lys de cette couleur.

11 Procédez à la mise en couleur du griffon du quartier opposé. Dans l'un des deux autres secteurs non encore entamés, peignez des bandes rouge vermillon en alternance avec des bandes blanches. Répétez l'exercice dans le quart opposé. Laissez sécher.

12 Chargez le pinceau n° 2 de terre d'ombre et soulignez les contours des bandes rouges d'un trait bien droit en vous aidant d'un repère de distance.

13 Avec le même pinceau et la même peinture repassez les contours des fleurs de lys pour les faire mieux ressortir.

14 Répétez l'opération avec le griffon du quartier opposé.

15 Diluez la peinture terre d'ombre naturelle puis, avec le pinceau n° 12, ombrez le côté gauche du blason. Cela contribuera à lui donner du relief.

16 Protégez le coffre, y compris votre décor, avec la cire solide teintée qui le revêtira d'une belle patine ancienne.

nebulas glorie, b' vernis. L. Bñe. a. Quasi stella matutina i medio
quasi flos rosarū in die ninit iracūdiā domini, b' vernis. L. Bñe.
b' vernis. L. Bñe. a. Quasi fulgés inter nebulas glorie, stella matutina
a. Quasi stella matutina i medio

PROJET 10

ROSEMALING

La décoration de cette glace avec patères s'inspire de l'art populaire norvégien des XVIIIe et XIXe siècle, connu sous le nom de rosemaling, qui signifie littéralement : peindre des roses *(réalisation finale du projet illustrée en p. 90)*.

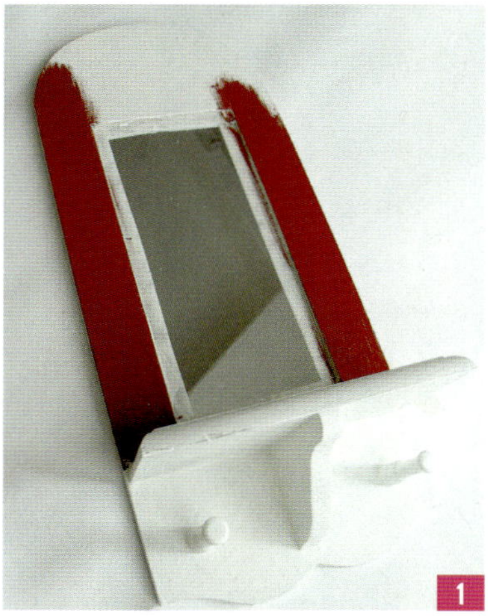

1

1 Poncez le bois de l'encadrement du miroir avec du papier de verre à gros grain ; continuez avec le papier de verre fin jusqu'à obtenir une surface aussi lisse que possible. Protégez le miroir avec du scotch en papier. Badigeonnez le bois avec l'apprêt acrylique et laissez sécher parfaitement. Couvrez la surface de peinture acrylique rouge foncé et laissez sécher de nouveau.

2

3

2 Pour donner un aspect ancien à votre miroir, frottez une bougie sur les parties de l'encadrement les plus susceptibles d'être abîmées par l'usure : arêtes, reliefs et parties arrondies.

3 Peignez l'encadrement en bois du miroir avec la peinture acrylique bleu, en la densifiant bien. Vous remarquerez qu'aux endroits où vous avez frotté la bougie, la peinture n'adhère pas. Laissez sécher.

Matériel

- Miroir en bois avec patères
- Apprêt acrylique

Pour le fond

- Peintures acryliques rouge foncé et bleu
- Motif de roses
- Papier calque
- Craie jaune
- Crayon
- Bougie
- Scotch en papier
- Papier de verre gros et fin
- Cire naturelle et solide incolore
- Mèche coton

Pour la peinture

- Peintures acryliques : blanc, bleu vert, ocre, rose pâle, rose pêche
- Pinceau pour l'apprêt acrylique
- Pinceau pour la peinture acrylique de fond
- Pinceaux à peinture : nos 14, 8, 6 et 4

4 Reportez un motif de roses dans la partie supérieure et arrondie de l'encadrement. Procédez avec la méthode du fusain, mais remplacez celui-ci par une craie de couleur claire (jaune dans l'exemple) pour une meilleure lisibilité sur le fond sombre de la peinture.

5 Chargez le pinceau n° 8 de peinture pêche et peignez le bouton de la rose. Poursuivez en appliquant deux virgules rose clair, l'une à droite, l'autre à gauche, tel que le montre cette illustration.

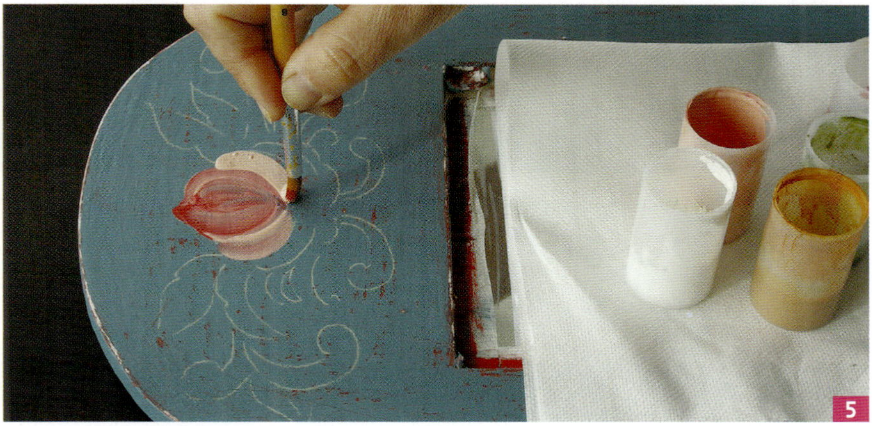

6 Ajoutez deux pétales rose clair à la base de la fleur. Travaillez sur la peinture encore humide de manière que les couleurs se mélangent.

7 Peignez en rose pêche la petite boucle de droite, puis faites de même pour celle de gauche.

8

8 Sur la peinture encore humide de la petite boucle, ajoutez des nuances rose pâle avec le pinceau n° 8.

9

9 Répétez l'opération du côté opposé.
Pour bien réussir votre travail, le geste doit être souple et fluide, ainsi que les exercices de préparation nous ont appris à le faire.

10

10 Avec le même pinceau chargé de peinture verte, tracez de larges virgules pour évoquer le feuillage.

11

11 Trempez le pinceau n° 6 dans la peinture blanche, déchargez-le sur du papier absorbant, puis peignez avec soin des nuances lumineuses sur les feuilles, en travaillant toujours sur un seul côté pour chaque feuille.

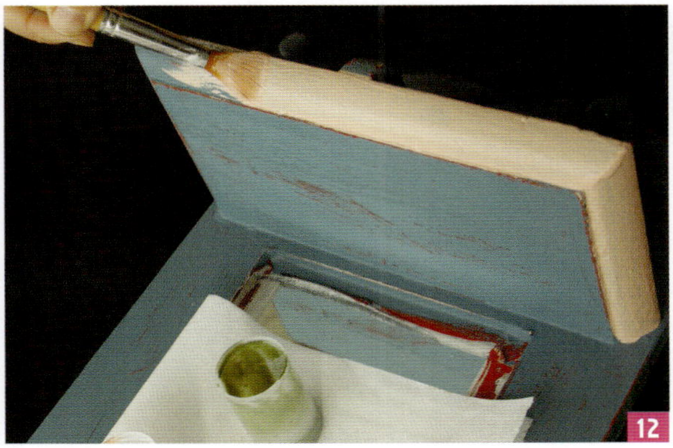

12 Chargez le pinceau n° 14 de peinture rose clair et peignez de cette couleur la tablette sous le miroir.

13 Avec un pinceau plus petit, le n° 4 par exemple, retouchez certains contours de la composition, en esquissant quelques virgules comme le montre l'illustration. Laissez sécher.

14 Poncez délicatement la totalité de la surface avec du papier de verre à gros grain, y compris les arêtes. Aux endroits précédemment frottés à la bougie, la couleur bleue s'écaillera tout naturellement en laissant entrevoir le fond rouge.

15 Frottez la surface décorée avec de la mèche coton et de la cire solide incolore. Laissez sécher et faites briller avec un chiffon propre.

PROJET 11

LA FRESQUE POMPÉIENNE

La scène représentée sur le devant de ce coffre est la reproduction d'une fresque pompéienne figurant dans un livre d'art. Un enduit craquelé servira de base à cette réalisation *(réalisation finale du projet illustrée en p. 95)*.

Matériel

- Petit coffre en sapin
- Apprêt acrylique
- Motif extrait d'un livre d'art
- Papier calque
- Pigment rouge
- Pinceau et eau pour diluer le pigment
- Poinçon
- Scotch en papier
- Papier de verre gros et fin
- Mortier sablé
- Mortier lisse pour fresque
- Spatule
- Lasure à l'eau teinte noyer
- Laine d'acier extra-fine

Pour la peinture

- Peintures acryliques : blanc, gris, rouge pompéien, pêche, ocre jaune, bleu clair, terre d'ombre naturelle
- Pinceau pour la peinture acrylique de fond
- Pinceau pour l'apprêt acrylique
- Pinceau pour la lasure
- Pinceaux à peinture : n°s 4, 12 et 8

1 Badigeonnez l'intérieur du meuble d'une couche de lasure teinte noyer. Couvrez l'extérieur d'apprêt acrylique et laissez sécher.

2 Concentrez-vous sur le panneau de façade du coffre. Appliquez une petite quantité de mortier sablé à la spatule au centre du panneau, en travaillant de manière irrégulière. Laissez sécher parfaitement, plusieurs heures seront nécessaires.

3 Passez une couche de mortier lisse par-dessus, sans toutefois couvrir la totalité de la surface rugueuse. Lissez soigneusement la dernière couche avec la spatule.

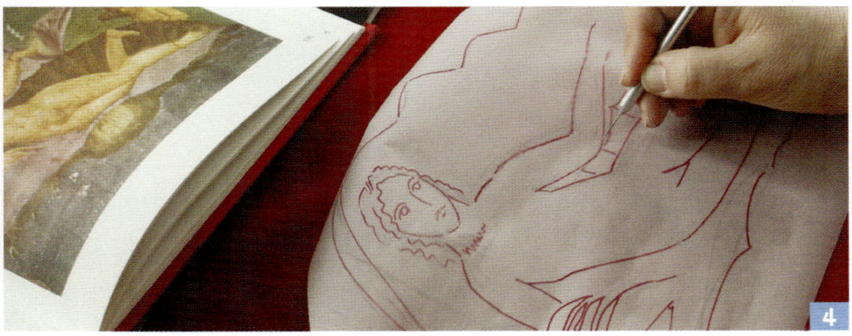

4 Recopiez le motif de la fresque de votre choix sur une feuille de papier-calque. Placez la feuille sur un support en caoutchouc ou en tissu et perforez les contours du motif avec le poinçon.

5

5 Préparez le pigment en le diluant dans une petite quantité d'eau. Cela servira à reproduire le motif au poncif sur la couche de mortier.

6

7

6 Peignez le mortier lisse en rouge pompéien. Laissez sécher puis couvrez de la même couleur très diluée tout le reste de la surface du panneau de façade.

7 Couvrez d'une couche de peinture grise (pinceau n° 4 avec du noir et du blanc mélangés) les autres côtés du meuble. Poncez seulement quand tout sera bien sec.

8

8 Positionnez la feuille de papier-calque perforée au poinçon, et fixez-la en place avec du scotch en papier.

9 Reportez le dessin avec le pinceau trempé dans la peinture. Notez que notre choix s'est porté sur une couleur claire, mais ton sur ton par rapport à la couleur de fond, pour mieux dissimuler d'éventuelles imprécisions.

10 Préparez la peinture pêche, éclaircissez-la avec une nuance de blanc, puis peignez le personnage avec le pinceau n° 12.

11 Pour mieux suggérer les formes du corps, retouchez l'image par endroits avec un rose pêche plus soutenu appliqué au pinceau n° 8. Nettoyez le pinceau puis peignez les éléments autour du personnage avec les couleurs terre d'ombre et bleu clair.

12 Peignez les cheveux avec la terre d'ombre naturelle et l'ocre jaune, suggérez le drap avec un bleu délicat.

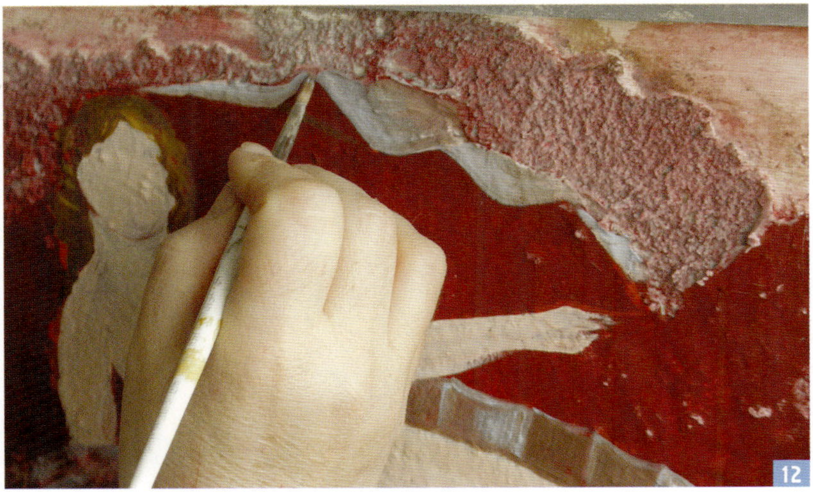

13 Diluez la terre d'ombre naturelle et ombrez le personnage pour lui donner du relief.

14 Avec le pinceau n° 4, passez aux finitions telles que les mains, les yeux et autres détails.

15 Laissez sécher parfaitement, puis poncez toutes les surfaces en insistant délicatement sur les endroits où vous souhaitez qu'apparaissent de manière plus visible les marques du temps.

PROJET 12

LE BANC PROVENÇAL

Ce banc-coffre d'aspect ancien s'orne d'un motif insolite : des brins de lavande en relief qui nous rendent soudain plus proche la belle Provence *(réalisation finale du projet illustrée en p. 100)*.

Matériel

- Banc-coffre en bois
- Apprêt acrylique ou première couche de préparation
- Peintures garance et vieux rose
- Laine d'acier extra-fine
- Papier absorbant
- Cuvette d'eau
- Pochoir repositionnable motif lavande
- Gel texturant
- Spatule en acier
- Papier de verre moyen
- Vernis de protection pour les meubles
- Cire teinte noyer
- Cire de protection en bombe
- Patine de vieillissement en bombe
- Mèche coton
- Lasure à l'eau teinte noyer
- Pinceau pour la peinture acrylique de fond
- Pinceau pour l'apprêt
- Pinceau pour la lasure

1 Poncez le meuble de manière à le lisser parfaitement. Couvrez l'intérieur du coffre d'une couche de lasure teinte noyer qui donnera à votre travail un fini impeccable.

1

2

2 Avant d'appliquer l'apprêt, positionnez le pochoir sur le bois brut. Commencez par le panneau de façade.

3 Appliquez le gel texturant avec la spatule en acier, en veillant à bien remplir les creux du pochoir et à bien niveler la pâte. Appliqué directement sur le bois, le gel texturant y adhérera parfaitement.

3

4 Retirez le pochoir d'un geste vif et précis : il laissera sur le bois une jolie décoration en 3D. Laissez sécher parfaitement.

5 Appliquez l'apprêt sur tout le meuble, y compris sur les motifs en relief qu'entre-temps vous aurez dupliqué sur les côtés.

6 Comme on peut le voir sur la photo ci-contre, l'apprêt ne couvre pas l'effet tridimensionnel créé par le gel texturant et le motif apparaît toujours en relief.

7 Sur les côtés du banc, le motif a été raccourci, afin de s'adapter à la forme et aux dimensions du support. La robustesse des pochoirs repositionnables permet de les placer même dans des endroits difficiles, et de les utiliser partiellement si besoin.

8 Avec cette technique, il faut toujours utiliser deux teintes ton sur ton. Soyez vigilant toutefois car la couleur de la peinture peut varier fortement au séchage. Par exemple, la couleur garance utilisée dans l'exemple est presque un rouge brique au moment où elle est appliquée.

9 La photo ci-dessous permet de mieux apprécier cet écart. La peinture du banc est sèche, tandis que celle de la façade vient juste d'être appliquée : cette dernière semble, de ce fait, beaucoup plus foncée. Laissez sécher parfaitement tout le meuble.

10 Couvrez la surface peinte d'une couche de vieux rose. Quand elle aura séché, cette couleur apparaîtra presque blanche.

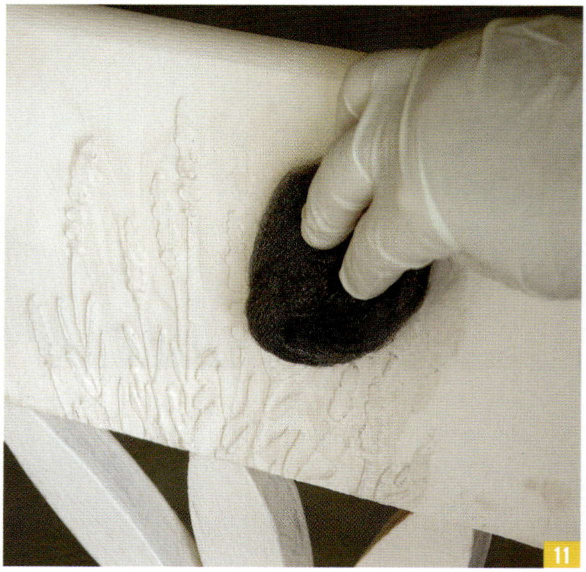

11 Gardez à portée de main les produits pour décaper : le papier absorbant, la cuvette d'eau, la laine d'acier en quantité, les gants de protection. Mouillez et essorez une touffe de laine d'acier, frottez-la délicatement sur les parties du meuble que vous souhaitez décaper et essuyez aussitôt.

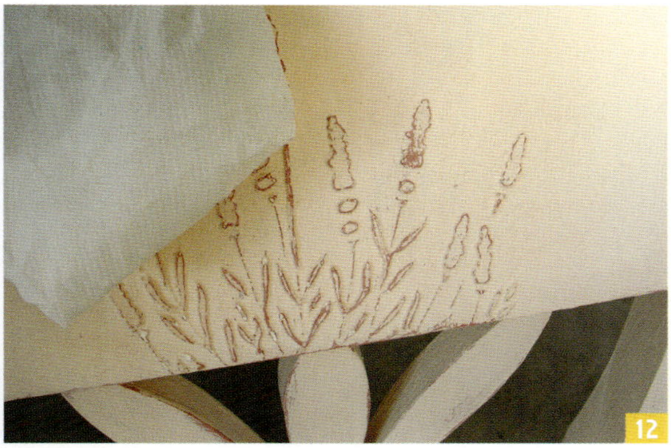

12 Tant que la surface reste mouillée, intervenez en frottant avec le papier absorbant. Vous verrez aussitôt apparaître la couleur garance sous-jacente. Procédez de la même manière sur les arêtes et tous les endroits que souhaitez « user ».

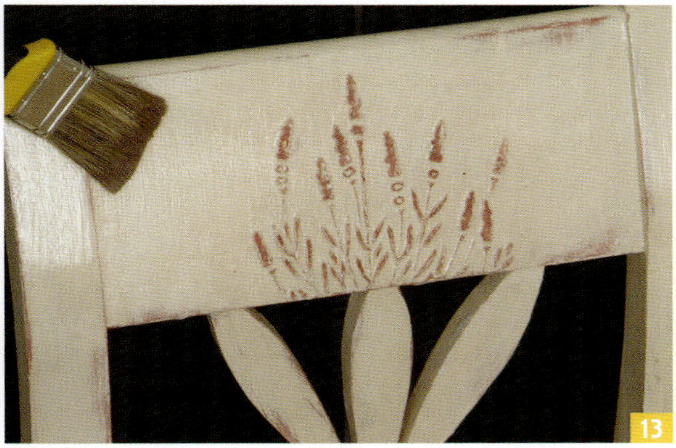

13 Une fois le décapage terminé, appliquez une couche de vernis de protection sur tout le meuble. Laissez sécher, puis vaporisez-le légèrement de cire d'entretien en bombe, de manière à pouvoir intervenir avec les produits suivants sans qu'ils sèchent trop rapidement.

14 Appliquez la cire teinte noyer avec de la mèche coton et faites briller en l'appliquant soigneusement sur toute la surface.

15 Vaporisez la patine de vieillissement en appuyant par petits coups brefs sur le bouton, de manière qu'elle se dépose par petites giclées qui évoqueront le travail des vers du bois sur un meuble ancien.

PROJET 13

LE MEUBLE D'ANGLE

Une belle couleur jaune bouton-d'or et une cimaise décorée à la provençale font l'originalité de ce petit meuble d'angle. La patine de vieillissement ajoute du charme à la délicatesse de ses lignes *(réalisation finale du projet illustrée en p. 105).*

1

1 La silhouette élancée de ce petit meuble d'angle nous a suggéré une interprétation rustique. Procurez-vous un morceau de grillage fin pour remplacer la vitre, et fixez-le en place en le clouant au dos de la porte. La cimaise, elle, se prête à merveille à une intervention picturale. Après un ponçage soigneux, couvrez la totalité de la surface du meuble, à l'intérieur comme à l'extérieur, d'une couche de lasure bouche-pores incolore, puis poncez de nouveau.

2

3

2 Préparez les deux peintures : rouge basque et jaune bouton-d'or, deux couleurs chaudes et intenses. Comme expliqué pour le banc-coffre à la page 98, n'oubliez pas que la teinte s'éclaircit considérablement après séchage.

3 Peignez en rouge basque l'extérieur du meuble et laissez sécher parfaitement.

Matériel

- Meuble d'angle en bois
- Grillage métallique
- Pince coupante
- Petits clous et marteau
- Primaire ou apprêt acrylique
- Peintures rouge basque et jaune bouton-d'or
- Peintures acryliques : vert, blanc cassé, terre d'ombre naturelle, ocre jaune et lavande
- Laine d'acier extra-fine
- Papier absorbant
- Cuvette d'eau
- Papier de verre moyen
- Lasure bouche-pores incolore
- Vernis de protection pour les meubles
- Cire teinte noyer
- Cire de protection en bombe
- Patine de vieillissement
- Mèche coton
- Pinceau pour la peinture acrylique de fond
- Pinceau pour le primaire
- Pinceau pour la lasure

Pour la peinture

- Pinceaux nos 14 et 4

4 Appliquez une couche de peinture jaune bouton-d'or par-dessus le rouge basque.

5 Préparez la laine d'acier, la cuvette d'eau, le papier absorbant et les gants de protection. Mouillez la laine d'acier, essorez-la, puis frottez légèrement les parties à décaper.

6 Essuyez aussitôt avec le papier absorbant de manière à faire apparaître la couleur rouge sous-jacente.

7 Ce travail de décapage doit être extrêmement soigneux. Prenez régulièrement du recul pour observer le meuble et mieux décider de la poursuite du travail, cela vous permettra de décaper avec discernement. Le trou de la serrure, par exemple, est un endroit d'usure très plausible. Soyez attentif également au sens du décapage : deux striures perpendiculaires seraient peu vraisemblables.

8 L'un des endroits du meuble les plus soumis à l'usure est sans doute son socle, notamment au niveau des arêtes. C'est donc ici qu'il faudra passer la laine d'acier mouillée.

9 Soyez vigilants également lorsque vous retirerez la couleur avec le papier absorbant. Ne frottez pas trop fort et veillez à l'harmonie de l'ensemble.

10 Passez au travail sur la cimaise. Peignez un médaillon de couleur blanc cassé avec le pinceau n° 14.

11 Peignez l'ombre latérale du médaillon avec le même pinceau trempé dans un gris très dilué. Esquissez quelques traits au crayon pour suggérer les brins de lavande. Inscrivez le mot provençal *lavanda* en dessous, avec le pinceau n° 4 et la peinture couleur lavande.

12 Peignez les brins de lavande et le ruban de la botte. Peignez également une vis de chaque côté du médaillon pour lui donner un aspect encore plus réaliste. Peaufinez le tout en ajoutant un fin liseré couleur terre d'ombre naturelle avec le pinceau n° 4.

13 Peignez le grillage dans la même teinte que le meuble ou, si vous le préférez, d'une belle couleur rouille ou d'un mélange de rouge et de jaune. Appliquez une couche de vernis de protection sur tout le meuble et laissez sécher parfaitement.

14 Passez une couche de cire teinte noyer avec de la mèche coton. Laissez agir, puis retirez l'excédent avec de la mèche coton propre.

15 Vaporisez la patine ancienne par endroits, mais sans excès.

Lavanda

PROJET 14

LE GUÉRIDON À TROIS PIEDS

Il aurait été dommage de couvrir le joli jeu de veinures de ce délicieux guéridon. C'est pourquoi nous avons préféré le mettre en valeur par une couche de gomme-laque appliquée au tampon. Par ailleurs, nous avons orné son plateau d'un délicat entrelacs de petites fleurs des champs dans des teintes pastel *(réalisation finale du projet illustrée en p. 110)*.

1 Poncez le guéridon et retirez le petit tiroir. Couvrez l'intérieur de celui-ci d'une couche de lasure teinte noyer et laissez-le sécher.

1

2 Préparez le tampon en plaçant de la mèche coton, voire du simple coton hydrophile, au milieu du carré en toile de coton.

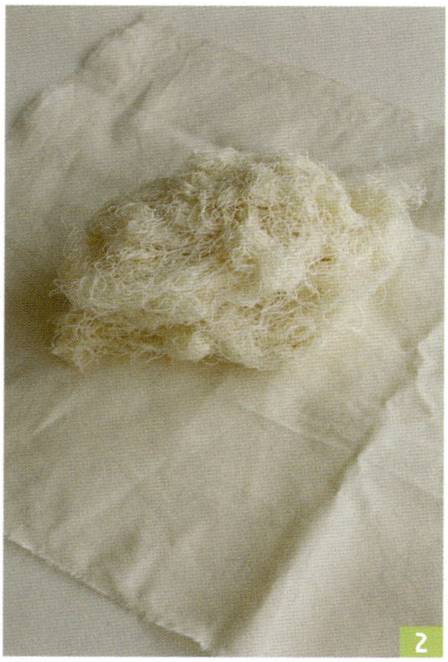

2

3

Matériel

- Guéridon à trois pieds

Pour le fond

- Gomme-laque
- Alcool
- Lasure teinte noyer
- Motifs fleuris à reporter
- Papier calque
- Craie jaune
- Crayon
- Scotch en papier
- Papier de verre moyen
- Laque de décoration
- Mèche coton et chiffon en toile de coton
- Laine d'acier extra-fine

Pour la peinture

- Peintures acryliques : blanc cassé, bleu, vert, ocre, terre d'ombre naturelle, rose pêche
- Pinceau pour la gomme-laque
- Pinceau pour la lasure
- Pinceaux à peintures : n°s 10, 8 et 4
- Perceuse et ferrure

3 Fermez le carré en sachet en réunissant les quatre coins. La mèche ou le coton fonctionnera comme un réservoir de gomme-laque et le tissu permettra au tampon de glisser sur le bois.

4 Trempez le tampon ainsi confectionné dans le bol de gomme-laque, sans oublier de le frotter sur le bord du récipient pour l'essorer.

5 Appliquez la gomme-laque par bandes successives, de droite à gauche et vice-versa, en évitant de repasser deux fois au même endroit. Laissez sécher.

6 Appliquez la gomme-laque sur tout le meuble, y compris les pieds et la ceinture.
Pour ces parties moins régulières, procédez au pinceau.

7 Entre deux couches de gomme-laque, poncez soigneusement le meuble avec la laine d'acier extra-fine. Poursuivez le travail jusqu'à l'obtention d'une surface lisse et soyeuse.

8 Reportez le motif avec les fleurs sur le plateau du guéridon. Utilisez la méthode du fusain en remplaçant celui-ci par de la craie.

9 Compte tenu de l'élégance discrète de ce guéridon, le motif décoratif sera tout aussi délicat tant dans ses traits que dans ses couleurs.

10 Commencez par peindre les pétales avec le pinceau n° 10 : trempez le bout des soies du pinceau à peine teinté de rose pêche dans la peinture blanche diluée.

11 Chargez le pinceau n° 8 de peinture verte diluée, additionnée d'une nuance de blanc : peignez un feuillage délicat et presque translucide.

12 Dessinez les fines tiges et les petites feuilles avec le pinceau n° 8, voire avec le n° 4 pour les traits les plus fins.

13 Nettoyez le pinceau n° 4, chargez-le de peinture rose pêche et dessinez le contour des pétales de chaque fleur.

14 Au cours du travail, veillez à prendre régulièrement du recul pour avoir une vision d'ensemble et éviter des couleurs trop soutenues.

15 Donnez du relief aux corolles et aux feuilles par quelques touches de vert plus foncé.

16 Protégez votre travail par une couche de vernis de finition et non de gomme-laque, car celle-ci pourrait jaunir la peinture et ternir le motif.

PROJET 15

L'ESCABEAU COUNTRY

De petites fleurs naïves se détachent sur le fond vert bouteille de ce petit meuble country. Celui-ci, aussi utile que sympathique, s'intégrera à merveille dans une chambre d'enfant où il pourra servir de siège comme d'escabeau *(réalisation finale du projet illustrée en p. 113)*.

Matériel

- Escabeau en bois
- Apprêt acrylique
- Crayon
- Règle et équerre
- Papier de verre gros et fin
- Cire incolore
- Peintures acryliques : ocre jaune, ocre rouge, noir, blanc, vert et rouge
- Tampon en caoutchouc à motifs « veinures de bois »
- Pinceau pour la peinture acrylique
- Pinceau pour l'apprêt
- Bougie
- Papier absorbant
- Mèche coton
- Laine d'acier n° 000 pour appliquer la cire solide
- Pinceau à peinture : n° 8

1

1 Poncez le meuble avec du papier de verre d'abord gros, puis fin. Pour dissimuler les vis latérales, vous penserez à les faire coïncider avec certaines des petites fleurs de la décoration. Commencez par passer deux couches d'apprêt acrylique en intercalant d'un ponçage soigneux, et laissez sécher chaque fois complètement.

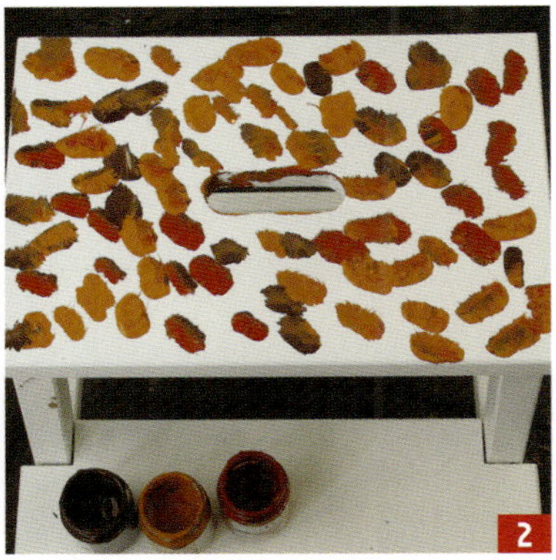
2

2 Pour réaliser les « veinures » du bois : chargez un gros pinceau plat de peinture prise directement aux tubes des peintures ocre jaune, ocre rouge et noir. Posez vos coups de pinceau en semis sur le plateau supérieur de l'escabeau.
Munissez-vous d'un pinceau presque sec et « tirez » avec force la peinture de manière que les couleurs se mélangent. Répétez l'opération sur le plateau du bas. Laissez sécher puis appliquez une couche d'ocre rouge sur les autres surfaces du meuble.

3

3 Diluez la peinture ocre jaune et couvrez-en les marches de l'escabeau.

4 Préparez le tampon en caoutchouc. Vous trouverez toute une gamme de tampons à motifs dans le commerce, dont certains imitant les veinures du bois. Utilisez le papier absorbant pour nettoyer les rainures qui se rempliront de peinture au fur et à mesure que vous ferez glisser le tampon sur le bois.

4

5 Glissez le tampon à plusieurs reprises sur les deux marches de l'escabeau de manière à obtenir des striures façon « veinure de bois ». Comme le montre la photo ci-contre, celles-ci résultent du mélange des trois couleurs appliquées et sont de ce fait beaucoup plus réalistes. La dernière couche de peinture doit être très diluée, de manière à laisser la simple empreinte du rouleau. Utilisez la bougie comme expliqué page 86, en insistant notamment sur les arêtes.

5

6 Peignez en vert les autres parties du meuble. En vous aidant d'une règle et d'une équerre, marquez des points régulièrement espacés en passant par les vis d'assemblage. Peignez en blanc avec le pinceau n° 8 des motifs de quatre pétales sur chacun de ces points.

6

7 Nettoyez le pinceau, chargez-le de rouge, puis sur chacun des motifs que vous venez de peindre, superposez en diagonale un autre motif de quatre pétales, rouges cette fois : vous obtiendrez les petites fleurs à huit pétales de la photo ci-contre. Frottez délicatement les surfaces ainsi décorées avec le papier de verre à gros grain, en faisant ainsi affleurer la peinture ocre rouge sous-jacente. Couvrez d'une couche de cire neutre incolore, laissez sécher, puis faites briller avec de la mèche coton.

7

PROJET 16

LE CONFITURIER FLEURI

Ce meuble de récupération, assez banal, semblait tout indiqué pour recevoir un médaillon peint orné d'une belle composition florale *(réalisation finale du projet illustrée en p. 118).*

1 Nettoyez soigneusement le meuble et poncez-le avec du papier de verre à gros grain. Comblez les éventuelles imperfections de la surface avec de la pâte à bois, laissez sécher puis poncez de nouveau. Couvrez l'intérieur du meuble et de la porte d'une couche de lasure et laissez sécher. Appliquez l'apprêt acrylique sur tout le meuble et laissez sécher de nouveau.

1

2 Retirez la porte et peignez-la à part. Appliquez à l'aide d'un pinceau n° 14 une couche de peinture acrylique bleu pétrole sur tout le meuble et laissez sécher. Peignez le bord du plateau en rouge et laissez sécher.

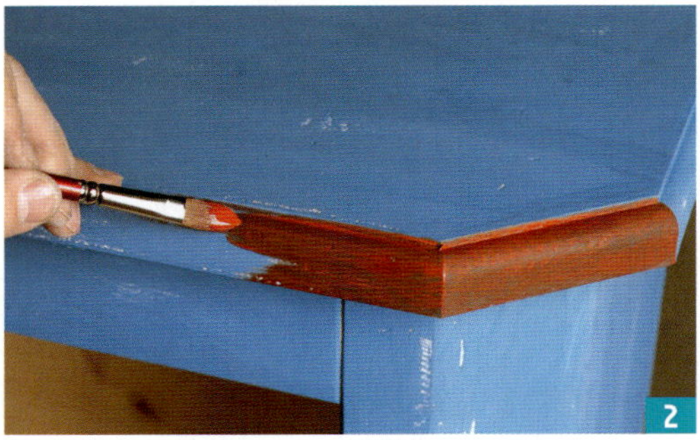
2

3 Appliquez la mixtion sur le bord peint en rouge et laissez agir le temps indiqué dans la notice d'emploi du produit.

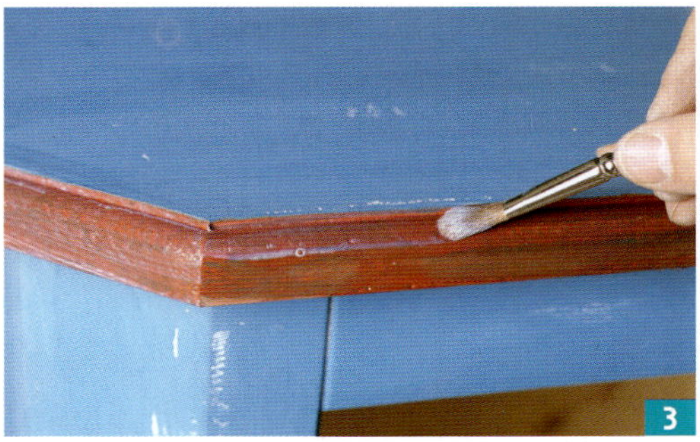
3

Matériel

- Petit meuble de récupération
- Apprêt acrylique
- Pâte à bois et grattoir

Pour le fond

- Peinture acrylique bleu
- Vernis à l'eau
- Lasure teinte noyer
- Motif à reporter
- Papier calque
- Fusain
- Crayon
- Scotch en papier
- Feuille simili or
- Mixtion à l'eau
- Gomme-laque
- Alcool
- Cire teintée
- Chiffon en coton
- Papier de verre gros et fin
- Laine d'acier extra-fine

Pour la peinture

- Peintures acryliques : blanc, bleu clair, jaune, vert, noir, terre d'ombre naturelle, rouge, ocre
- Éponge naturelle
- Pinceau pour l'apprêt acrylique
- Pinceau pour le fond acrylique
- Pinceau pour le vernis à l'eau
- Pinceau pour la mixtion
- Pinceau pour la feuille simili or
- Pinceau pour la gomme-laque
- Pinceau pour la lasure
- Pinceaux à peinture : n°s 14, 4 et 2

4 Posez la feuille d'or sur le bord ainsi préparé et appliquez-la en exerçant une légère pression avec les soies du pinceau, afin qu'elle adhère parfaitement au support.

5 Retirez le surplus de la feuille d'or et continuez de l'étendre au pinceau, puis protégez-la par une couche de gomme-laque. Laissez sécher.

6 Commencez le travail du médaillon sur la porte du meuble. Fabriquez un ovale en carton et positionnez-le sur la surface à décorer : couvrez toute la surface extérieure à celui-ci d'une couche de peinture bleu pétrole. Reportez le dessin de votre choix dans l'ovale laissé en blanc avec la méthode du fusain. Dans notre exemple, nous avons choisi un vase de fleurs extrait d'un livre d'art. Peignez le vase en bleu cendré, couleur que vous obtiendrez en diluant un mélange de bleu clair et de noir. Avec le bleu clair dilué, peignez le ciel à coups de pinceau irréguliers.

7 Commencez à peindre les fleurs, en chargeant au fur et à mesure le pinceau n° 4 de couleurs différentes.

8 Donnez de l'éclat aux pétales en ajoutant quelques nuances de blanc.

9 Retouchez une fleur avec le pinceau n° 2 et la terre d'ombre naturelle pour lui donner du relief.
Faites de même pour toutes les fleurs et pour le vase. Derrière le bouquet, vous pouvez esquisser un paysage de collines avec les peintures vert, ocre et bleu clair.

10 Votre peinture terminée, poncez-la avec une feuille de papier de verre à gros grain afin de lui donner un aspect légèrement ancien. Pour souligner cet effet de patine ancienne, diluez une petite quantité de terre d'ombre naturelle comme expliqué pour la tête de lit aux pages 50-51.

11 Appliquez une couche de cire teintée sur tout le meuble avec un chiffon en coton. Une teinte noyer sera idéale si vous ne souhaitez pas une tonalité trop foncée.

12 Retirez la cire en frottant légèrement la surface à la laine d'acier, avec de petits mouvements circulaires. Laissez la cire se déposer dans les irrégularités du bois et dans les angles.

Le coffre ci-dessus a reçu
deux couleurs de fond superposées.
L'effet de patine ancienne
est obtenu avec la méthode
décrite dans l'exemple
du confiturier fleuri qui précède :
de légers ponçages successifs
au papier de verre et à la laine d'acier,
et l'application de terre d'ombre naturelle
et de cire teintée apportent
une touche de caractère qui vise
à sublimer le classicisme du motif fleuri.

Le traitement apporté au petit buffet à deux portes représenté ci-dessus lui confère un cachet ancien non dénué de charme.

LE PARAVENT-MIROIR

Le paravent présenté a été trouvé dans un vide-greniers. Il avait besoin d'un bon nettoyage et surtout d'une bonne idée de décoration. La feuille d'or et les miroirs ont transformé Cendrillon en princesse ! La note originale : vous utiliserez les miroirs pour y inscrire pensées ou poèmes selon vos états d'âme… Ils s'effaceront d'un simple coup de chiffon *(réalisation finale du projet illustrée en p. 123)*.

Matériel

- Paravent de récupération
- Apprêt acrylique
- Peinture acrylique rouge
- Pâte à bois
- Grattoir
- Feuille simili or
- Mixtion à l'eau
- Gomme-laque
- Alcool
- Papier de verre moyen
- Laine d'acier extra-fine
- Éponge naturelle
- Pinceau pour l'apprêt acrylique
- Pinceau pour le fond acrylique
- Pinceau pour le vernis à l'eau
- Pinceau pour la mixtion
- Pinceau pour la feuille simili or
- Pinceau pour la gomme-laque
- Colle silicone

1 Comblez les éventuelles imperfections du meuble avec de la pâte à bois appliquée à la spatule. Poncez soigneusement la totalité de la surface et couvrez-la d'une couche d'apprêt acrylique. Poncez de nouveau avec soin.

2 Peignez en rouge les encadrements des différents panneaux. Dès que la peinture est sèche, appliquez la mixtion à l'eau.

3 Appliquez la feuille d'or sur les parties badigeonnées de mixtion.

4 Lissez soigneusement la feuille d'or au pinceau et retirez le surplus.

5 Appliquez la gomme-laque sur les encadrements dorés. Quand la surface aura séché, rayez-la délicatement avec la laine d'acier pour lui donner un aspect vieilli. Faites couper trois miroirs aux mesures des panneaux de votre paravent et fixez-les en place avec de la colle silicone. Vous pouvez aussi acheter du miroir adhésif.

Entra la aurora en el
jardin
rosados
Pasa el viento
y aviva en el
hogar la llama muerta
cae una
estrella
y raya el firmamento
ADIVIÑA

PROJET 18

LE MEUBLE D'HERBORISTE

Il n'y a jamais trop d'étagères dans une maison ! C'est pourquoi à partir d'un meuble banal et sans valeur, mais avec quelques idées, nous allons nous lancer dans une nouvelle aventure décorative *(réalisation finale du projet illustrée en p. 126).*

1 Retirez toutes les étagères du meuble, poncez rapidement l'ensemble des surfaces et, avec la pâte à bois, comblez les éventuelles irrégularités du bois.

1

2 Préparez les deux planches qui seront ajoutées en haut et en bas du meuble. Prenez les mesures avec la plus grande précision, dessinez le profil à détourer et reportez-le sur le bois. Découpez les planches à la scie sauteuse.

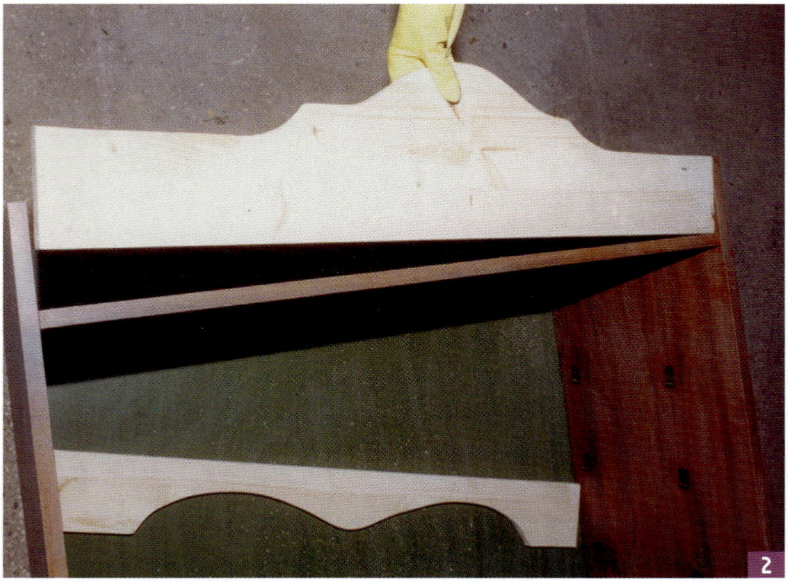

2

Matériel

- Étagère avec tiroirs
- Apprêt
- White-spirit
- Pâte à bois
- Papier de verre gros et fin
- Grattoir
- 2 planches en sapin de 100 x 20 cm et de 1,8 cm d'épaisseur
- Scie sauteuse
- Colle vinylique
- Petits clous sans tête et marteau

Pour le fond

- Apprêt blanc et colorants liquides universels ocre jaune, vert et bleu clair
- Vernis à l'eau
- Motif à reporter sur la cimaise
- Papier calque
- Fusain
- Crayon
- Scotch en papier
- Décalcomanie à l'eau
- Éponge
- Cire teintée
- Mèche coton ou chiffon

Pour la peinture

- Peintures acryliques : blanc, jaune, vert foncé, terre d'ombre naturelle
- Pinceau pour la peinture acrylique
- Pinceau pour l'apprêt blanc
- Pinceau pour le vernis à l'eau

3

3 Badigeonnez de colle l'épaisseur des planches, puis fixez-les en place au moyen de quelques petits clous. Appliquez une couche d'apprêt sur l'ensemble des surfaces, puis couvrez-les de peinture vert sauge. Reportez les lettres de l'inscription *Flora Officinalis* (« fleur médicinale ») sur la cimaise, puis peignez-les en laissant un espace au centre, entre les deux mots, pour le motif décoratif à décalquer.

4 Positionnez la décalcomanie dans cet espace laissé libre après avoir retiré la feuille de protection. Mouillez le papier avec l'éponge humide.

4

5

5 Retirez délicatement le papier et tamponnez le motif avec du papier absorbant de manière à fixer le dessin. Si vous le souhaitez, vous pouvez également peindre des chiffres sur les tiroirs, comme si ceux-ci contenaient vraiment des produits d'herboristerie. Protégez votre travail par une couche de vernis à l'eau et « vieillissez » le motif décoratif par une fine couche de cire teintée.

FLORA OFFICINALIS
N°1
N°2
N°3
N°4
N°5

PROJET 19

LA COMMODE AUX POCHOIRS

Les années 1960 reviennent à la mode : c'est l'occasion d'en faire profiter cette vieille commode. Avec une décoration comme celle proposée dans ces pages, elle se transformera en une pièce unique, originale, qui s'intégrera à merveille dans un intérieur un peu informel *(réalisation finale du projet illustrée en p. 131).*

Matériel

- Commode à quatre tiroirs
- Apprêt
- White-spirit
- Pâte à bois
- Grattoir
- Papier de verre gros et fin
- Rouleau et bac pour la peinture
- Apprêt blanc avec colorants liquides universels : blanc, vert, ocre jaune, terre d'ombre naturelle
- Vernis à l'eau
- Pochoir
- Scotch en papier
- Colle repositionnable en bombe
- Règle, équerre et crayon
- Pinceau pour l'apprêt
- Pinceau pour l'apprêt teinté
- Pinceau pour le vernis à l'eau

1 Retirez les tiroirs, puis poncez soigneusement la surface extérieure du meuble pour que l'apprêt y adhère le mieux possible.

2 Retirez les boutons des tiroirs et poncez soigneusement la façade de ces derniers.

3 Appliquez plusieurs couches d'apprêt, jusqu'à quatre, car la surface finale doit être parfaitement lisse. Poncez systématiquement entre chaque couche, en attendant à chaque fois que le produit soit sec.

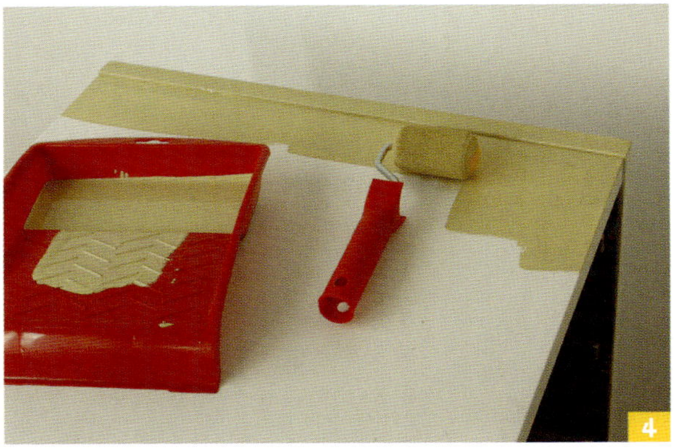

4 Créez une belle couleur vert olive foncé en ajoutant les colorants liquides à l'apprêt; réservez une partie de cette peinture. Additionnez le reste de blanc et d'ocre jaune, jusqu'à l'obtention d'une nuance beaucoup plus claire que celle de départ. Appliquez-la au rouleau afin que la surface peinte soit aussi lisse que possible. Peignez les tiroirs de la même couleur en appliquant des bandes de scotch en papier pour protéger les surfaces intérieures.

5 Cette surface parfaitement lisse se prête à merveille à la décoration au pochoir.

6 Mesurez avec précision le plateau de la commode et les faces latérales, en vous aidant de la règle et de l'équerre. Tracez des petits points de repère au crayon pour bien positionner ensuite les pochoirs.

7 Prenez la peinture vert foncé mise en attente et versez-la dans le bac, trempez-y le rouleau sans oublier de le frotter sur la grille pour en éliminer l'excédent.

8 Couchez la commode sur le sol, la façade côté tiroirs vers le plafond, positionnez le pochoir pour commencer la peinture. Passez le rouleau sur la première moitié de la décoration en partageant verticalement la commode.

9 Retirez le pochoir, laissez sécher parfaitement. Placez le pochoir « en miroir » et répétez l'opération.

10 Placez un motif de pompon en correspondance des boutons de tiroir : peignez-le en vert foncé.

11 Placez le pochoir avec le motif d'angle dans un angle du plateau supérieur et procédez à la mise en couleur avec le rouleau.

12

12 Laissez sécher ce pochoir, puis positionnez-le dans l'angle opposé du plateau. Peignez au rouleau.

13 Vous pouvez, si vous le souhaitez, réaliser le même motif à l'angle des flancs de la commode.

13

14

14 Peignez les boutons de tiroir en vert foncé, laissez sécher puis remettez-les en place. Protégez le meuble par une couche de vernis à l'eau et poncez une dernière fois au papier de verre fin.

PROJET 20

LE PETIT BUREAU STYLE « SHABBY »

Pour donner une nouvelle jeunesse à ce petit bureau, nous allons le « rhabiller » en style shabby. « Shabby », littéralement « usé », est un style consistant à donner un aspect vieilli, usé à votre mobilier. La grâce naturelle de sa silhouette contribuera à elle seule à créer un coin chic et romantique dans la maison *(réalisation finale du projet illustrée ci-contre)*.

Matériel

- Petit bureau en bois
- Peinture acrylique ocre jaune
- Apprêt ou première couche de préparation pour les murs
- Papier de verre à gros grain
- Laine d'acier n° 00 (moyenne)
- Cire teinte noyer
- Essence de térébenthine
- Pinceau pour la cire
- Pinceau pour l'apprêt
- Pinceau pour la peinture acrylique

1

1 Nettoyez soigneusement le meuble. Retirez les tiroirs et les ferrures, peignez l'ensemble des surfaces avec la peinture acrylique ocre jaune.

2 Couvrez le meuble d'une couche d'apprêt assez dense, sans chercher à lisser parfaitement la surface.

2

3

3 Diluez la cire teintée avec un peu d'essence de térébenthine et appliquez-la sur le meuble une fois qu'il sera suffisamment sec. Laissez sécher le temps nécessaire.

4

4 Frottez vigoureusement la surface cirée avec la laine d'acier n° 00, jusqu'à faire affleurer le blanc sous-jacent qui aura pris une belle teinte ambrée et sera devenu totalement lisse. Continuez à frotter par endroits pour faire ressortir la couleur ocre, notamment à l'endroit des reliefs.

ricordi ....

PROJET 21

LA TABLE DE NUIT ETHNIQUE

Grâce à la technique du *dragging* et à de superbes tampons en caoutchouc avec motifs ethniques, une vieille table de nuit se métamorphose en une pièce décorative à part entière *(réalisation finale du projet illustrée en p. 136)*.

1

1 Comblez les éventuelles imperfections de la surface avec de la pâte à bois appliquée à la spatule, poncez soigneusement avec du papier de verre, d'abord gros, puis plus fin, et pour finir appliquez au moins deux couches d'apprêt. Poncez de nouveau. Couvrez le meuble d'une couche d'apprêt couleur pêche.

2

3

2 Travaillez une seule face du meuble à la fois : plateau, porte, flanc… selon votre choix. Appliquez au pinceau la lasure teintée sur la partie choisie.

3 Tamponnez du papier journal froissé sur la lasure fraîchement appliquée (c'est ce qu'on appelle le *dragging*). Procédez de la même manière sur les autres côtés du meuble.

Matériel

- Table de nuit de récupération
- Apprêt ou première couche de préparation pour les murs
- White-spirit
- Pâte à bois
- Papier de verre gros et fin
- Grattoir
- Apprêt couleur pêche
- Lasure à solvant teinte noyer
- Solvant synthétique
- Papier journal
- Vernis à l'eau
- Tampons en caoutchouc avec des motifs ethniques
- Tampon encreur noir indélébile
- Règle, équerre et crayon
- Cire incolore
- Cire à l'or riche
- Mèche coton
- Pinceau pour l'apprêt
- Pinceau pour la lasure à solvant
- Pinceau pour l'apprêt teinté
- Pinceau pour le vernis à l'eau

4 Comme on peut le voir sur la photo ci-contre, la couleur s'éclaircit en séchant et laisse d'agréables moirures sur la surface traitée.

5 Lorsque tout le meuble aura été travaillé de la même manière, commencez la décoration en traçant des points de repère au crayon, à l'aide de la règle et de l'équerre. Choisissez le motif du tampon, pressez-le sur le tampon encreur noir et réalisez la composition de votre choix.

6 Une fois le travail achevé, protégez-le par une couche de vernis à l'eau. Laissez sécher. Frottez un peu de cire à l'or riche avec le doigt, en insistant sur les arêtes. Appliquez une couche finale de cire incolore et faites briller avec de la mèche coton.

PROJET 22

LE SEMAINIER VERT SAUGE

La décoration de ce petit meuble s'effectue en un clin d'œil. Le mérite en revient à l'utilisation du rouleau, très facile et rapide, et qui de surcroît offre un fini parfaitement lisse et sans défaut *(réalisation finale du projet illustrée en p. 139)*.

Matériel

- Meuble en bois brut avec sept tiroirs
- Apprêt acrylique ou première couche de préparation pour les murs
- Pinceau pour l'apprêt
- Peintures acryliques vert sauge et bleu nuit
- Rouleau pour la peinture
- Rouleau avec motifs de fleurs et entrelacs
- Vernis mat à l'eau
- Pinceau pour le vernis mat à l'eau
- Boutons de tiroir en résine colorée
- Lasure incolore
- Pinceau pour la lasure
- Papier de verre moyen
- Perceuse

1 Retirez les tiroirs du meuble et préparez le fond avec une couche généreuse d'apprêt acrylique.

2 Appliquez une couche de lasure sur toutes les surfaces des tiroirs, à l'intérieur comme à l'extérieur. Laissez sécher puis badigeonnez d'apprêt la surface extérieure. Percez chaque façade en son milieu pour y placer ultérieurement les boutons des tiroirs.

3

3 Peignez en vert sauge la structure du meuble, en appliquant la peinture au rouleau. Celui-ci est idéal pour étendre la couleur sur les surfaces parfaitement planes, sans aspérités.

4

4 Versez la peinture bleue dans le bac et trempez-y le rouleau avec les motifs. Couchez le meuble sur le sol et faites glisser le rouleau sur toute sa surface, en procédant du bas vers le haut et en commençant par les pieds. Faites de même pour chaque côté du meuble. Protégez le semainier par une couche de vernis mat à l'eau. Terminez en fixant les boutons de tiroir qui apporteront une note très actuelle au meuble.

PROJET 23

LA TABLE BASSE CHIC

Une peinture en bombe qui transforme le verre en miroir, un pochoir qui y dépose un superbe motif baroque, et voilà notre table basse totalement transformée. Le jeu des transparences, l'alternance du chrome et du noir mat ajoutent une note très chic et en font un élément de décor très tendance *(réalisation finale du projet illustrée en p. 143)*.

Matériel

- Table basse avec plateau de verre
- 2 à 3 bombes de peinture chrome
- Peinture acrylique noir mat
- Solution d'eau et d'ammoniaque
- Éponge
- Papier absorbant
- Scotch en papier
- Mètre de couturière
- Pochoir laser avec motif baroque
- Colle repositionnable en bombe
- Vernis acrylique noir mat en bombe
- Peinture pour céramique à froid
- Pinceau éponge
- Pinceau pour la peinture acrylique
- Papier de verre moyen
- Apprêt acrylique
- Pinceau pour l'apprêt acrylique

1 La table basse provient d'une liquidation de stock d'un magasin de meubles : son plateau de verre se prêtait à merveille à la réalisation de notre projet. La bichromie joue sur le contraste entre le noir mat et l'éclat de la surface miroir.

2 Commencez par poncer le piétement en bois de la table puis recouvrez-le d'apprêt acrylique. Laissez sécher et appliquez une couche de peinture acrylique noire.

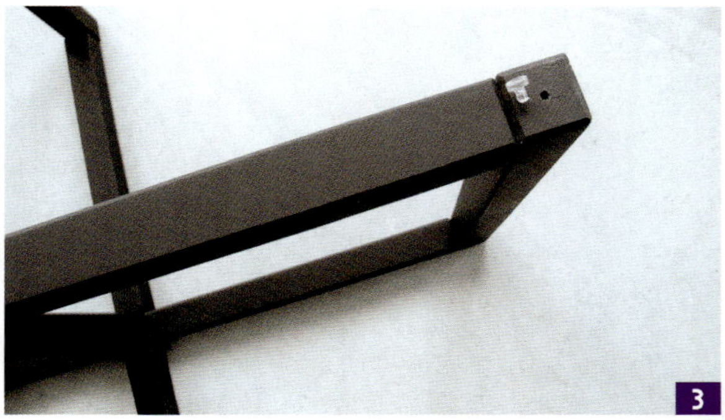

3 Passez une deuxième couche de peinture acrylique et laissez sécher. Fixez en place les petits caoutchoucs de protection de manière que la plaque de verre ne bouge pas une fois installée.

4

4 Lavez soigneusement le dessus en verre de la table avec un mélange d'eau et d'ammoniaque, en le frottant avec une éponge de cuisine ; essuyez-le avec du papier absorbant.

5 Collez des rubans de scotch en papier au dos de la vitre – là où, plus tard, on vaporisera la peinture chrome – en formant une sorte de quadrillage comme le montre la photo ci-contre : les rubans sont placés parallèlement et à distance régulière, perpendiculairement et en diagonale. Vous aurez ainsi des points de repère pour travailler avec un maximum de précision.

5

6

6 Replacez la vitre à l'endroit, côté scotchs vers le sol. Nettoyez de nouveau le plateau de verre avec l'eau et l'ammoniaque, puis vaporisez la colle repositionnable en bombe au dos du pochoir.

7 Positionnez le motif au centre du plateau. Les rubans de scotch visibles en transparence vous apportent toute la précision nécessaire.

8 Versez la peinture pour céramique à froid noire dans un petit bol, trempez-y le pinceau éponge puis tamponnez le motif du pochoir, en remplissant les espaces vides. Faites très attention à ne pas prendre trop de couleur : le verre ne l'absorberait pas et l'excédent s'insinuerait sous les bords du pochoir. Laissez sécher, puis répétez l'opération. Le séchage définitif demande 48 heures, il vous faudra donc patienter pour terminer le travail.

9 Dès que le motif est sec, retirez le pochoir et positionnez-le à un autre endroit. Poursuivez la mise en couleur jusqu'à ce que la surface de la table soit entièrement décorée. Ensuite, retournez le plateau de verre, retirez le scotch, nettoyez parfaitement la surface et vaporisez-la de peinture chrome en bombe, en suivant les indications de la notice d'emploi. Lorsque tout sera sec, protégez cette face du plateau en la vaporisant de vernis acrylique noir. Retournez le plateau et placez-le sur son piétement.

PROJET 24

LA COMMODE MULTI-FONCTIONS

Revêtue d'une peinture spéciale imitant l'ardoise, cette commode accueillera vos notes et pense-bêtes que vous effacerez ensuite d'un simple coup d'éponge. Une idée appréciée à la cuisine, mais aussi très amusante dans une chambre d'enfants *(réalisations finales du projet illustrées en p. 145 et 147).*

1 Après avoir soigneusement poncé le meuble, couvrez-le d'une couche de bouche-pores et poncez-le de nouveau.

1

Matériel

- Commode à trois tiroirs
- Apprêt acrylique
- Pinceau pour l'apprêt
- Vernis à l'eau
- Bouche-pores
- Pinceau pour le vernis à l'eau
- Peinture acrylique rouge foncé
- Pinceau pour la peinture acrylique
- Pinceau pour le bouche-pores
- Kit effet ardoise
- Scotch en papier
- Papier de verre moyen
- Perceuse

Pour la cuisine

- Poignées en forme de couverts (fourchette, couteau)

Pour la chambre

- Céramique à froid en poudre, silicone à moulage, eau et vis

2

2 Appliquez une couche d'apprêt acrylique, laissez sécher et poncez pour obtenir une surface aussi lisse que possible.

3

3 Passez une couche de peinture rouge foncé sur la structure du meuble, à l'exclusion de la façade des tiroirs.

4

4 Ouvrez le kit pour la peinture à effet d'ardoise qui comprend également le bac et le rouleau, l'éponge et les craies.

pasta
pomodori
olive
aglio

5 Versez la peinture ardoise dans le bac, puis trempez-y le rouleau en veillant à bien imprégner l'éponge.

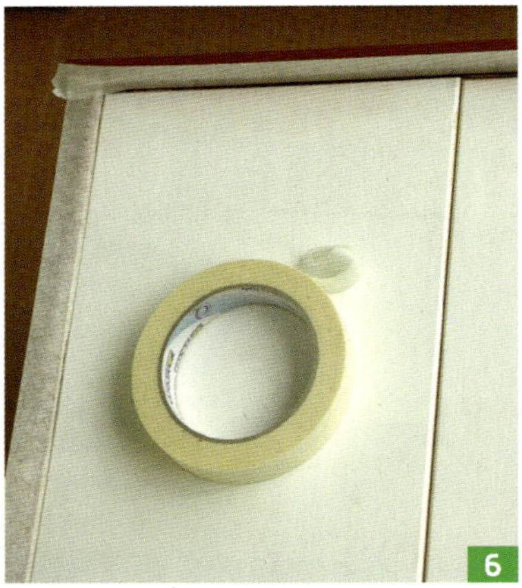

6 Couchez le meuble sur le sol, la façade des tiroirs vers le haut. Protégez la structure du meuble par des bandes de scotch en papier.

7 Appliquez la peinture au rouleau par bandes parallèles sur la surface blanche, jusqu'à ce que la totalité soit couverte de peinture noire.

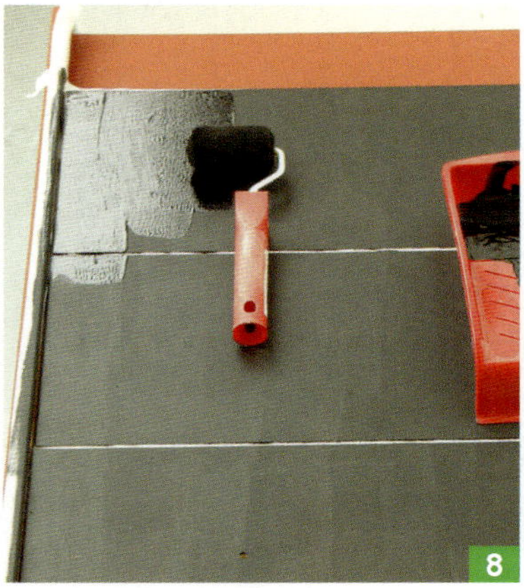

8 Laissez sécher la première couche de peinture, puis appliquez-en une deuxième et une troisième pour obtenir un effet parfaitement mat et couvrant, rappelant l'ardoise.

9 Quand les tiroirs seront parfaitement secs, retirez-les du meuble et percez les trous nécessaires à la fixation des poignées.

Une simple substitution de boutons de tiroir et le meuble change de destination, s'intégrant à merveille dans une chambre d'enfants.

10 Mélangez les deux composants de la silicone et versez-les dans un bol en plastique où vous aurez placé une craie : enrobez cette dernière sur au moins 0,5 cm d'épaisseur. Laissez agir le temps indiqué par le fabricant, retirez le moule du bol puis ôtez-en la craie. Additionnez la poudre de céramique à froid d'un peu d'eau, pour obtenir un mélange presque liquide que vous verserez dans le moule : ajoutez la vis et laissez durcir. Démoulez et fixez vos «boutons-craies» sur la façade des tiroirs.
Afin de protéger les enfants en bas âge, il est préférable de poser les poignées le plus rapidement et le plus solidement possible.

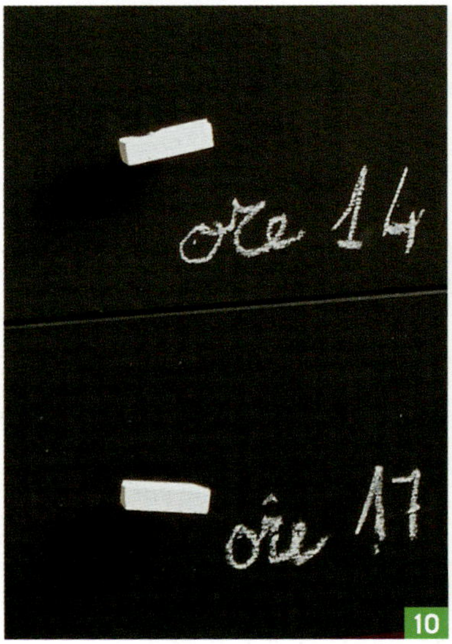

ore 8 scuola
ore 14 nuoto
ore 17 gioco

PROJET 25

LA COMMODE IMITATION JEANS

Il n'y a jamais trop de meubles de rangement dans une maison, en particulier dans une chambre d'enfant. Pour joindre l'utile à l'agréable, la commode de ces pages s'habille de jeans grâce à une technique si facile que c'en est presque un jeu d'enfant *(réalisation finale du projet illustrée en p. 151)*.

Matériel

- Commode à trois tiroirs
- Apprêt acrylique
- Pinceau pour l'apprêt
- Vernis à l'eau
- Bouche-pores
- Pinceau pour le vernis à l'eau
- Peinture acrylique bleu clair, bleu jeans, orange et noir
- Pinceau pour la peinture acrylique
- Pinceau pour le bouche-pores
- Papier de verre moyen
- Toile de jeans
- Ciseaux
- Règle et équerre
- Crayon
- Pinceau à peinture : n° 6

1 Couvrez d'une couche d'apprêt acrylique toute la surface du meuble, tiroirs compris. Poncez soigneusement afin d'obtenir une surface bien lisse.

2 Peignez tout le meuble en bleu ciel : vous obtiendrez ainsi une base pour la couleur jeans à venir.

3

3 Découpez un vieux jeans en bandes dont certaines avec les coutures. Mettez de côté un coupon avec une poche.

4

4 Préparez le bleu jeans dans un bac, en le diluant suffisamment pour qu'il glisse parfaitement sur le bois. Peignez un côté du meuble à la fois.

5

5 Au fur et à mesure, pressez les coupons de jean sur la peinture humide : exercez une forte pression avec la paume de la main ouverte pour y imprimer la trame et les coutures du tissu. Procédez de la même manière sur chaque côté du meuble, puis laissez sécher.

6

6 Soulignez l'empreinte des coutures avec le pinceau n° 6 chargé de peinture orange.

7

7 Ombrez de noir les coutures pour leur donner du relief.

8 Sur la façade du meuble et des tiroirs, vous pouvez dessiner une poche géante. Tracez-en les contours en vous aidant de la règle, de l'équerre et du crayon.

8

9

9 Au moyen de petits traits orange, peignez un pointillé sur ces contours pour suggérer les coutures. Si vous le souhaitez, vous pouvez aussi orner votre «jeans» de strass et de broderies, comme vous le feriez avec un vrai pantalon.

Coca-Cola
TEX

PROJET 26

LE MEUBLE BONBONNIÈRE

Encore une réalisation au rouleau à empreintes qui fait des merveilles : l'allure de ce petit meuble en est transformée. L'élégance du résultat tient aussi à l'association de la teinte de fond avec le motif délicat de la décoration *(réalisation finale du projet illustrée en p. 155).*

Matériel

- Table téléphone en bois brut
- Apprêt acrylique
- Pinceau pour l'apprêt
- Vernis à l'eau
- Lasure incolore
- Pinceau pour la lasure
- Pinceau pour le vernis à l'eau
- Papier de verre moyen
- Peintures pour bois : gris et lilas
- Rouleau pour murs et bois
- Pinceau pour la peinture sur bois
- Scotch en papier

1 Retirez les tiroirs du petit meuble et badigeonnez-en l'intérieur d'une couche de lasure. Appliquez une couche d'apprêt sur la façade des tiroirs et sur tous les côtés apparents du meuble. Laissez sécher, puis poncez soigneusement pour obtenir une surface aussi lisse que possible. Peignez en lilas l'ensemble du meuble à l'exception des pieds et des espaces de séparation entre les tiroirs, sans oublier le plateau supérieur. Peignez le reste en gris.

1

2

2 Versez dans le bac la peinture lilas et préparez le rouleau à empreintes. Placez celui-ci en contact avec le réservoir en éponge. Une fois chargé de peinture et en mouvement, il transmettra la couleur aux reliefs en caoutchouc.

3 Posez le rouleau sur la surface à décorer et faites-le glisser en procédant de bas en haut.

3

4

5

4 Avec la même couleur, reproduisez le décor au rouleau sur les pieds du meuble – sur leurs quatre faces. Réalisez également une bande de motifs sur le côté lilas de la table téléphone. Le rouleau sera probablement moins large que la partie à décorer.

5 Pour résoudre ce problème, couvrez la partie que vous venez de peindre avec une feuille de carton léger, en la fixant avec du scotch en papier.

6

6 Posez le rouleau sur la surface et faites-le glisser de bas en haut, comme précédemment. Le carton masquera la partie déjà peinte en vous évitant de retravailler dessus.

7 Retirez alors le carton : le motif apparaîtra ainsi en entier, sans discontinuité.

7

8

9

8 Appliquez une couche de vernis à l'eau sur tout le meuble. Cela foncera légèrement la teinte tout en soulignant les contrastes. Si au contraire vous préférez un effet plus doux et comme poudré, vaporisez la surface d'un vernis de protection mat en bombe.

9 Pour finir, mettez en place les boutons de tiroir. À cet effet, nous avons choisi des cubes en résine transparente qui parachèvent de leur note délicate le résultat d'ensemble.

PROJET 27

LA FRESQUE FACILE

Faciles et amusants comme un jeu, les transferts ou stickers en trompe l'œil permettent de transformer en quelques instants un pan de mur ou une porte, mais aussi un meuble, et se prêtent à de nombreuses applications. Au préalable, on préparera le fond par une couche d'apprêt pour permettre une adhésion parfaite de la peinture au support *(réalisation finale du projet illustrée en p. 158).*

Matériel

- Table téléphone en bois brut
- Image choisie dans un catalogue d'images ou de photos, ou sur un site spécialisé : www.myarchitexture.com/pitthobbyart.html
- Apprêt acrylique
- Pinceau pour l'apprêt
- Vernis à l'eau
- Peintures acryliques pour la structure : vert olive, beige, ocre
- Lasure incolore
- Pinceau pour la lasure
- Pinceau pour le vernis à l'eau
- Pinceau pour la peinture acrylique
- Papier de verre moyen
- Éponge naturelle
- Ciseaux
- Cutter

1 Les encadrements ajourés de ce petit meuble convenaient bien au type de motif choisi pour la décoration.

1

2

2 Peignez en vert olive la structure du meuble, puis appliquez le beige et l'ocre à l'éponge naturelle de manière à obtenir un fond légèrement moiré.

3 Découpez l'image à transférer (décalcomanie) aux mesures de la porte, retirez la feuille au dos et appliquez l'image sur le bois. Tamponnez-la avec l'éponge humide jusqu'à ce que le dessin affleure.

4 Incisez délicatement au cutter la feuille de protection pour pouvoir la retirer. L'image sous-jacente apparaît.

5 Découpez et retirez, toujours au cutter, la bandelette de l'image qui correspond à la baguette de séparation entre la porte et le tiroir.

PROJET 28

IMPRESSION DIRECTE

Matériel

- Image sur CD avec une résolution de 300 dpi
- 3 panneaux de bois de 50 x 160 cm, d'une épaisseur de 1,8 cm
- Papier de verre moyen
- Apprêt acrylique
- Pinceau pour l'apprêt acrylique
- 6 charnières

Le paravent de ces pages a été réalisé grâce à l'impression numérique directe. Cette méthode permet de décorer un meuble, un objet ou tout autre élément de votre choix, d'une manière personnelle et originale. Cette technique se révèle idéale pour toutes sortes de surfaces : souples ou rigides, lisses, rugueuses ou irrégulières, de taille modeste ou de grandes dimensions. De plus, en imprimant l'image sur le panneau, mais aussi sur l'encadrement, ce dernier devient partie intégrante de l'œuvre *(réalisation finale du projet illustrée ci-dessous)*.

1

1 Choisissez une photo que vous aimez, retouchez-la sur ordinateur si nécessaire et ajoutez une pensée personnelle, une citation ou tout autre élément de votre choix.

2

2 Revêtez les panneaux d'une couche d'apprêt acrylique, puis poncez-les soigneusement. Apportez vos panneaux dans un centre d'impression numérique. Une fois l'impression effectuée, assemblez les panneaux entre eux avec les charnières.